中国古代碑刻

王烨 编著

中国商业出版社

图书在版编目（CIP）数据

中国古代碑刻／王烨编著. －－ 北京：中国商业出版社，2014.12

ISBN 978 – 7 – 5044 – 8589 – 2

Ⅰ. ①中… Ⅱ. ①王… Ⅲ. ①碑刻 – 介绍 – 中国 – 古代 Ⅳ. ①K877.42

中国版本图书馆 CIP 数据核字（2014）第 299151 号

责任编辑：常勇

中国商业出版社出版发行

010 – 63180647　www. c – cbook. com

（100053 北京广安门内报国寺 1 号）

新华书店总店北京发行所经销

北京飞达印刷有限责任公司

＊

710×1000 毫米　16 开　12.5 印张　200 千字

2015 年 11 月第 1 版　2015 年 11 月第 1 次印刷

定价：25.00 元

＊　＊　＊　＊

（如有印装质量问题可更换）

序　言

　　中国是举世闻名的文明古国，在漫长的历史发展过程中，勤劳智慧的中国人，创造了丰富多彩、绚丽多姿的文化，可以说人创造了文化，文化创造了人，这些经过锤炼和沉淀的古代传统文化，凝聚着华夏各族人民的性格、精神、智慧，是中华民族相互认同的标志和纽带。在人类文化的百花园中摇曳生姿，展现着自己独特的风采，对人类文化的多样性发展做出了巨大贡献。中国传统民俗文化内容广博，风格独特，深深地吸引着世界人民的眼光。

　　正因如此，我们必须深入学习贯彻十八届三中全会精神，按照中央的规定，加强文化建设。2006 年 5 月，时任浙江省委书记的习近平同志就已提出："文化通过传承为社会进步发挥基础作用，文化会促进或制约经济乃至整个社会的发展。"又说："文化的力量最终可以转化为物质的力量，文化的软实力最终可以转化为经济的硬实力"（《浙江文化研究工程成果文库总序》）。今年他去山东考察时，又再次强调：中华民族伟大复兴，需要以中华文化发展繁荣为条件。

　　学习习近平同志的重要讲话，确可体会到，在政治、经济、军事、社会和自然要素之中，文化是协调各个要素协同发展、相关耦合的关健。正因为此，我们应该对华夏民族文化进行广阔、全面的检视。我们应该唤醒我们民族的集体记忆，复兴我们民族的伟大精神，发展和繁荣中华民族的优秀文化，为我们民族在强国之路上阔步前行创设先决条件。

实现民族文化的复兴,更必须传承中华文化的优秀传统。现代中国人,特别是年轻人,对传统文化十分感兴趣,蕴含感情。但当下也有人对具体典籍、历史事实不甚了解,比如说,中国是书法大国,谈起书法,有些人或许只知道些书法大家如王羲之、柳公权等等的名字,知道《兰亭集序》是千古书法珍品,仅此而已。再比如说,我们都知道中国是闻名于世的瓷器大国,中国的瓷器令西方人叹为观止,中国也因此而获得了"瓷器之国"(英语 china 的另一义即为瓷器)的美誉。然而关于瓷器的由来、形制的演变、纹饰的演化、烧制等等瓷器文化的内涵,就知之甚少了。中国还是武术大国,然而国人的武术知识,或许更多地来源于一部部精彩的武侠影视作品,对于真正的武术文化,我们也难以窥其堂奥了。我们还是崇尚玉文化的国度,我们的祖先,发现了这种"温润而有光泽的美石",并赋予了这种冰冷的自然物以鲜活的生命力和文化性格,例如"君子当温润如玉"、女子应"冰清玉洁"、"守身如玉";"玉有五德",即"仁"、"义"、"智"、"勇"、"洁",等等。今天,熟悉这些玉文化的内涵的国人,也为数不多了。

也许正有鉴于此,有忧于此,近年来,已有不少有志之士,开始了复兴中国传统文化的努力,读经热开始风靡海峡两岸,不少孩童乃至成人,开始重拾经典,在故纸旧书中品味古人的智慧,发现古文化历久弥新的魅力。电视讲坛里一波又一波对古文化的讲述,也吸引着数以万计的人们,重新审视古文化的价值。现在放在读者眼前的这套"中国传统民俗文化丛书",也是这一努力的又一体现。我们现在确应注重研究成果的学术价值和应用价值,充分发挥其认识世界、传承文化、创新理论、咨政育人的重要作用。

中国的传统文化内容博大,体系庞杂,该如何下手,如何呈现? 这套丛书处理得可谓系统性强,别具心思。编者分别按物质文化、制度文化、精神文化等方面来分门别类地进行组织编写,例如在物质文化的层面,就有中国古代纺织、中国古代酒具、中国古代农具、中国古代青铜器、中国古代钱币、中国古代石刻、中国古代木雕、中国古代建筑、中国古代砖瓦、中国古代玉器、中国古代陶器、中国古代漆器、中国古代桥梁等等。

在精神文化的层面,就有中国古代书法、中国古代绘画、中国古代音乐、中国古代艺术、中国古代篆刻、中国古代家训、中国古代戏曲、中国古代版画等等;在制度文化的层面,就有中国古代科举、中国古代官制、中国古代教育、中国古代军队、中国古代法律等等。

此外,在历史的发展长河中,中国各行各业还涌现出一大批杰出的人物,至今闪耀着夺目的光辉,启迪后人,示范来者,对此,这套丛书也给予了应有的重视,中国古代名将、中国古代名相、中国古代名帝、中国古代文人、中国古代高僧等等,就是这方面的体现。

生活在21世纪的我们,或许对古人的生活颇感好奇,他们的吃穿住用如何? 他们如何过节? 如何安排婚丧嫁娶? 如何交通? 孩子如何玩耍? 等等。这些饶有兴趣的内容,这套中国传统民俗文化丛书,都有所涉猎,例如中国古代婚姻、中国古代丧葬、中国古代节日、中国古代风俗、中国古代礼仪、中国古代饮食、中国古代交通、中国古代家具、中国古代玩具、中国古代鞋帽等等,这些书籍介绍的,都是人们深感兴趣,平时却无从知晓的内容。

在经济生活的层面,这套丛书安排了中国古代农业、中国古代纺织、中国古代经济、中国古代贸易、中国古代水利、中国古代车马、中国古代赋税等等内容,足以勾勒出古人经济生活的主要内容,让今人得以窥见自己祖先曾经的经济生活情状。

在物质遗存方面,这套丛书则选择了中国古镇、中国古楼、中国古寺、中国古陵墓、中国古塔、中国古战场、中国古村落、中国古街、中国古代宫殿、中国古代城墙、中国古关等内容。相信读罢这些书,喜欢中国古代物质遗存的读者,已经能大致掌握这一领域的大多数知识了。

除了上述内容外,其实还有很多难以归类却饶有兴趣的内容,例如中国古代的乞丐这样的社会史内容,也许有助于我们深入了解这些古代社会底层民众的真实生活情状,走出武侠小说家们加诸他们身上的虚幻不实的丐帮色彩,还原他们的本来面目,加深我们对历史真实的了解。继承和发扬中华民族几千年创造的的优秀文化和民族精神是我们责无旁贷的历史责任。

不难看出，单就内容所涵盖的范围广度来说，有物质遗产，有非物质遗产，还有国粹。这套丛书无疑当得起"中国传统文化的百科全书"的美誉了。这套书还邀约了大批相关的专家、教授参与并指导了稿件的编写工作。应当指出的是，这套书在写作中，既钩稽、爬梳大量古代文化文献典籍，又参照近人与今人的研究成果，将宏观把握与微观考察相结合。在论述、阐释中，既注意重点突出，又着重于论证层次清晰，从多角度、多层面对文化现象与发展加以考察。这套丛书的出版，有助于我们走进古人的世界，了解他们的美好生活，去回望我们来时的路。学史使人明智。历史的回眸，有助于我们汲取古人的智慧，借历史的明灯，照亮未来的路，为我们中华民族的伟大崛起添砖加瓦。

　　是为序。

傅璇琮

2014 年 2 月 8 日

前 言

　　一般而言，在我国历史上，凡在地面立石作为永久性纪念物或标记者，均可称为碑；碑上镌刻文字，即称为碑刻。

　　碑刻是一种以雕刻为表现手段的造型艺术，它不仅是一种历史遗存物，同时也是一种文化的载体。它综合了雕刻、书法、文学、历史于一身，融实用性、观赏性与文献性于一体，是一种独特的艺术作品。中国古代碑刻历经 2000 余年的发展变化，分布地域辽阔，形式多样，数量巨大，内容涉及哲学、宗教、历史、地理、经济、政治、军事、文化、艺术、教育、科学、技术、民族等许多方面。因此，有人认为它可与中国古代《二十四史》相媲美。

　　本书分为三个部分，先用较大篇幅介绍碑刻的一般分类和相关知识，其中涵盖并涉及大部分著名碑刻；然后按照年代顺序，补充介绍历史上著名的书法碑刻；最后在介绍汉字碑刻以外，将我国历史上重要的少数民族文字碑刻，分为相应的章节进行介绍。本书尽量做到给广大文物收藏爱好者和相关人士以丰富的信息，对读者的审美情趣有所补益。本书以平易近人的语言、富藏的深意和颇具历史责任感的整体面貌，甚至使大学生、中学生也能够喜闻乐见，力求最大程度地得到读者的认可。

目录

第四章 先秦两汉时期的著名书法碑刻

第五章 魏晋南北朝隋唐时期的著名书法碑刻

第六章 宋元明清的重要书法碑刻

第七章　古代少数民族文字碑刻

第一章

碑刻在形制上的分类

碑刻泛指刻在碑上的文字或图画，有广狭之分。狭义的碑，指的是经过精心磨制加工，有一定尺寸、规格和形制的长方形竖石。这种立石碑刻文字或图画的习惯始于东汉，汉末以后愈加通行，居石刻文字之首列。广义的碑刻，即泛指各种种类、形制的石刻文字或图画。下面分别加以介绍。

第一节
摩崖与碣

汉代以前的刻石没有固定形制，一般都直接刻在山崖的平整面或独立的自然石块上。因此也就有了两种不同的基本形制，分别称为"摩崖"与"碣"，并一直延续到后代。它们可以看作是一种原始的石刻。在无字、无定形的碑发展成为有字、有定形的碑以前，这两种石刻承担了碑的主要作用——记功与记事，因而具有承前启后的作用。

摩崖概述

摩崖是指在较平整的天然崖壁上的石刻。早在新石器时代，先民们在山崖岩洞上刻画的图画符号已经可以看作摩崖的初始形态。文字产生以后，摩崖也是其最早的载体之一。最早的摩崖石刻，其制作方法与原始岩画相同，是直接利用较为竖直、平整的崖面进行刻写。直到铁制工具广泛应用以后，人们才能够在刻写之前先有意识地磨平崖面。"摩崖"一词的"摩"指的就是通过摩擦使石面平整这个意思。由于石壁不能像碑石那样进行精细的加工，所以字的石底都不很平整，而且摩崖的字一般都较大。

摩崖有些是经过书丹的，但也有不少是直接举刀凿刻，故其书风多自然开张，气势雄伟，意趣天成，表现出一种阳刚之美。

早期摩崖的内容也从岩画中脱胎出来。这一点可以从许多远古少数民族的摩崖遗迹中得到证实。这些民族很早以前曾经生活在华夏大地上，但随着其他民族的到来，他们或是被融合，或是迁移到其他地方，以至于他们留下的种种遗迹今人已经无法解读，如福建仙字潭摩崖、浙江仙居蝌蚪文摩崖、江西广昌古源天书。而其中最具代表性的要数贵州红崖天书、石门摩崖群、云峰山刻石、大基山刻石、天柱山摩崖等。

其他重要的摩崖作品还有东汉的《西狭颂》、《郙阁颂》（以上2种与《石门颂》合称"三颂"）、《杨淮表记》，北魏至北齐间今山东境内《尖山摩崖》、《岗山摩崖》、《葛山摩崖》、《铁山摩崖》（以上4种合称"四山摩崖"）、《泰山经石峪金刚经》，南朝梁刻于今江苏镇江焦山的《瘗鹤铭》等等。

贵州红崖天书

红崖天书，原名"红岩碑"，位于贵州省安顺市关岭布依族苗族自治县城东约十五公里晒甲山半山处。距离著名的黄果树瀑布仅数里之遥。晒甲山又称"红岩山"或"红崖山"。与关索岭对峙，紧靠滇黔公路。从公路到红岩山，约半公里。

山崖呈现出一片灼灼似火的赤霞般的色彩，宽约百米，高30余米。在这壁红崖北面的一隅，数十平方米的峭崖上，在长10米、高6米的范围内，有20多个神秘的符号，其布局蹊跷，风格古拙，使人顿感古趣盎然，仿佛时空坠入了远古的过去。这就是千古之谜的红崖天书。

红崖天书似画非画，大者一米见方，小者仅十几厘米。字迹红艳似火，虬结怪诞，非雕非凿，如篆如隶，笔势古朴，结构奇特，虽然排列无序，却也错落有致。经数百年风雨剥蚀依然如故，色泽似新。

自明朝弘治初年被发现以后，对于"天书"的来源和内容，500多年来经历代学者先贤孜孜不倦不断探索，总共提出了五类四十种不同的观点，主要有：文字说、图谱说、天然岩石花纹说、符咒说、神秘天书说等等。其中，尤以文字类的破译者居多。虽然学者们提出了如此多的不同说法，但却始终莫衷一是，尚无一人的破译能得到大家

红崖天书

的公认。

由于这一地带是三国时期诸葛亮"七擒孟获"的故地，故自明代发现之日起至清代道光、咸丰年间，人们皆认为红崖天书乃"诸葛公碑"。咸丰年间，著名学者邹汉勋提出异议，认为红崖天书的内容当为殷高宗伐鬼方还经其地纪功之石，只是"土人以其在诸葛营旁，称之为诸葛碑"。不久，莫龙芝又提出"三危禹迹"说，认为红崖天书记述的是大禹引黑水入三危归南海留下的纪功遗迹。清末庄善又将天书形成的时期，推向三代之前的洪荒年代。最近几年，又有学者提出是明初逊国的建文皇帝逃到这里以后颁布的一道讨伐燕王朱棣篡位的"伐燕诏檄"。

清代学者赵之谦则率先跳出了"汉字"的思维定势，根据关岭地区自古的居民多是少数民族的特点，提出了天书文字是"苗民古语"的新看法。民国时期又有学者提出可能为古彝文或原始彝文的观点。有现代学者进一步提出，"天书"可能是彝族巫师将原始的彝文进行专业性的变形处理，用银朱涂写而成的"除鬼避邪"符咒，以示"祈福消灾"的权威。当然也可能出于某种专业化的保密目的，以便区分巫师的流派等等。最近又有学者提出能否参照水族的"水书"尝试破解。

还有的人思路更"开阔"，观点也更加"新颖"。比如清代诗人、学者张文焕，干脆认为红崖天书是"好事者"的恶作剧。最近有一位专家通过实地考察后指出，"天书"上的斑斑红迹不是什么人类所写的文或字，这些在变化中的斑斑红迹是碳酸盐沉积岩的风化现象，是自然界固有的，不是什么人类涂写上去的。

红崖天书最早发现于明代嘉靖年间。当时的贵州普安州（今盘县）诗人邵元善，是一位在当地作过官的举人。嘉靖二十五年（1546年），他在游山玩水之余写了一首《红崖诗》（又题《咏红岩》），收于《黔诗纪略》中，是关于红崖天书发现的最早文字记载。红崖天书从此为世人所知。

《红崖诗》诗云："红崖削立一千丈，刻画盘旋非一状。参差时作钟鼎形，腾掷或成走飞象。诸葛曾为此驻兵，至今铜鼓有遗声。即看壁上纷奇诡，图谱浑领尚且盟。"

清光绪二十七年（1901年），永宁州团首罗光堂为了讨好上级，便准备拓印一大批红崖天书送礼。可是由于"天书"并非刻制而成，因此无法制作拓片。罗光堂便命令工匠用桐油拌石灰涂凸字面，使字变成阳文进行拓印，之后又命令工匠用锤钻将桐油石灰铲平，让人参照还残留的某些笔画，随意乱刻上一些似文似图的字。红崖天书的本来面目给彻底破坏了。这种杀鸡取卵的行径引起了乡绅们的愤慨，扬言将告发罗破坏古迹的罪行。罗光堂的上级——知州涂步衢深知破坏古迹罪的严重性，但他也是罗光堂行贿的对象之一。"收人钱财，与人消灾"。他一边压制舆论，一边令人将天书上的桐油石灰斧劈刀凿，沸水洗涤，致天书面目皆非，崖面斑剥陆离，字迹漫漶难辨。以致直到60年后，在天书的岩壁上还可剥离出石灰浆层。清末还有位叫徐印川的贵州提督，竟在天书崖面上，手写了一个草书的"虎"字，以求同天书千古不朽。

经过这两番破坏，红崖天书原貌尽失，加上天长日久，已近风化，原貌保护已无意义。但从旅游开发的角度看，还应当加以修复以发挥其实用价值。

汉代以后的摩崖一般要先对石壁进行整修，以便形成规整的平面。受到石碑的影响，有的还要造出一个碑的外形来。现存汉代摩崖中，以陕西汉中的石门摩崖群最为著名。

石门摩崖群

石门所在地汉中，因气候湿润，降水丰沛，故有"小江南"之称，又是古代兵家必争之地。但汉中北倚秦岭南屏巴山交通极为不便，物资运输受到阻碍，于是汉中有了举世闻名的栈道，也就是后来李白笔下的蜀道。其中最著名的一段横跨秦岭天险，贯通南北，连通褒水、斜水，修在一条长250公里的峡谷中。该谷南口名"褒谷"，地处原褒城县境；北口名"斜谷"，在眉县。故统名褒斜谷，而修在这里的栈道也就名褒斜道了。修建该道计用工70余万人次。

石门就是褒斜栈道南端的一段隧道。但褒谷最险处绝壁陡峻，山崖边水流湍急，很难架设栈道，故而称为七盘山的路障。

东汉明帝永平六年（63年），皇帝下诏在此处开凿穿山隧道。官府下令用火焚水激法破石开路。先用油脂含量极高的松柏作燃料煅烧山崖四到五个小时，再向灼热的崖面泼水或醋，使其骤然冷却，自然酥裂，然后再用铁制工具剥离。至永平九年（66年）终于形成了这条全长13.6米、可供车辆通行的隧道，称"石门"。石门隧道内壁岩面经过修整，光滑平顺，没有斧、凿、钻等痕迹。内宽4.2米，可供两辆马车（汉制一轨为1.5米）同时行驶。与幼发拉底河河底隧道、那不勒斯婆西勃洞隧道相比，石门隧道是世界上人工开凿的第一条隧道，也是最早具备车辆通行条件的人工隧道，在我国古代交通史上占有重要地位，在世界交通史上也享有盛名。

为纪念石门隧道的开通，当时镇守汉中的郡守鄐君下令，将石门隧道开通的过程以文字的形式刻于山崖之上，史称《汉中太守鄐君开通褒斜道碑》。此摩崖也是石门出现的第一处摩崖。褒斜道自东汉以来，因政治和军事的原因时开时闭。每一次开通，或记事或咏颂大多会采取摩崖石刻的方式。而各个时期过往的仕官商贾、文人墨客，在饱览胜迹之余，也纷纷记事咏物，抒怀为文，镌刻于石门隧道内两壁及隧道外褒河两岸的悬崖壁上，直至明清世代不绝，形成了蔚为壮观的石门摩崖石刻群。据统计，在石门故址的石刻有104种，仅石门内壁就有34种。上自汉魏，下至明清，俨然一座石刻宝库。

石门这些石刻，是珍贵的"石头书"，特别是汉魏石刻，属国内珍稀之物。正因如此，褒斜道石门及其摩崖石刻，于1961年就被确定为全国第一批重点文物保护单位。其中13种汉至南宋时代的石刻出类拔萃，蜚声古今，最受推崇，号称"石门十三品"，被誉为"国之瑰宝"，被评为"一级甲等文物"。

石门十三品中，有汉刻8种，曹魏和北魏石刻各1种，宋刻3种。其中以记述或赞颂褒斜道修治通塞历史为内容的有6种，分别是：第二品《汉中太守鄐君开通褒斜道摩崖》，镌刻于公元66年，是我国早期的摩崖石刻，其书体为篆书向隶书过渡的典型代表；第五品《故司隶校尉犍为杨君颂》（又称《石门颂》）号称我国汉代摩崖"三颂"之首（另外两颂为《西狭颂》、《郙阁颂》），其汉隶被誉为"汉人极作"；第四品《右扶风丞李君通阁道摩崖》和第六品《杨淮、杨弼表记摩崖》也都是汉代摩崖的精品；而第十品《李苞通阁道摩崖》属少见的三国曹魏遗存，是研究三国蜀魏之战的实物资料；北魏时期出现的第十二品《石门铭》在魏碑中地位极高，被誉为"不食人间烟火"

褒斜栈道与石门隧道

之仙品。用大字书写、状物抒怀的有4种，分别是：第一品《石门》碑、第七品《玉盆》、第八品《石虎》和第九品《衮雪》，均为汉隶大字摩崖。其中署名"魏王"的《衮雪》还被认为出自魏武王曹操之笔。宋代人撰写的追述汉魏往事的第三品《鄐君开通褒斜道摩崖释文》和第十一品《释潘宗伯、韩伸元、李苞通阁道题名》，同时也是宋代仿写汉隶的上乘之作。而第十三品《山河堰落成记》，又名《重修山河堰碑》，形巨体丰，是该地摩崖石刻中最大的一块碑刻，是南宋绍熙年间官民整修山河堰竣工后的纪事碑。

　　1969年至1971年，国家因根治褒河，修建褒河水库，由国务院组织，将淹没区内的"石门十三品"以及其他主要刻石共17方一并迁至汉中博物馆。

　　搬迁石门十三品，是一项艰巨而复杂的工作。第一步为确保刻字的完整无损，须将摩崖凿取，然后经修整外形后使之类似石碑。当时，主要靠人力和手工操作，辅之以电钻之类的机械，个别部位在不影响安全的情况下实施了小爆破。第二步是运输。从山石中凿取的摩崖重达数吨至15吨，从山间或河边要运到公路上去，摩崖下面只好铺设木轨，木轨上放置用圆木做成的滚筒，将摩崖平放在滚筒上，用木杠撬推滚筒，就这样将摩崖运至公路上。然后装入平板车，予以固定，将其缓慢地运至汉中博物馆。第三步是修复摩崖。不少摩崖凿取前已有裂缝，凿出后便解体。有的在凿取和搬运中因重力作用而出现破裂。所有这些问题需修复，凡断面要除锈去污，进行粘合，背面作加固，正面要修复。经过处理，使之形成一个坚固的整体。对散落的碎块要进行粘接，凡摩崖表面沾染的胶质物或污垢要逐一清除，漫漶不清的刻字要力求维护原貌。第四步又按产生的年代先后来排列。后来，国家拨专款修建了"石门十三品陈列馆"，将这13件摩崖置放在其中专门保存。

　　石门十三品不仅是研究褒斜栈道通塞和汉中水利建设的珍贵史料，又是书法艺术的杰作，在书法艺术上占有重要地位，是汉代以来书和刻两者的最高艺术结晶。它们是研究汉魏书法的实物标本，对我国书法艺术的发展发挥了启迪和推动作用。这些石刻从唐宋时起便颇

石门十三品陈列馆中保存的刻石

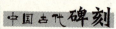
负盛名，1000 多年来，一直为历代学者、金石家、书法家所推崇。民国时期，中国出版的第一部大型工具书《辞海》，其封面就是集汉中《石门颂》中的"辞"、"海"二字而成。

石门摩崖刻写的汉字，处于由篆书而隶书的重要过渡时期，因此也代表了汉字发展史上承前启后的一个重要阶段，反映了我国文字由篆书到隶书、由隶书到楷书的发展过程，是文字发展的历史真迹。字体为古隶，大小、长度、广狭参差错落，既有天然的韵味，又有雄强的骨力与威势，被称作"神品"。

除石门摩崖之外，汉代重要的摩崖还有甘肃成县天井山古栈道上的《西狭颂》、陕西略阳白崖上的《郙阁颂》、新疆拜城喀拉克达格山的《刘平国治路颂》等。

北魏时期的摩崖以云峰诸山摩崖刻石最为著名。

云峰诸山摩崖石刻是云峰、大基、天柱和玲珑四山石刻的总称。其中云峰、大基、天柱三山位于胶东半岛，属于崂山山脉；玲珑山白驹谷位于青州。

云峰山刻石

云峰山，又名文峰山，位于山东省莱州市区东南 7.5 公里处。其主峰东西两侧各有一峰，形同笔架，故当地人又称笔架山。其西连高望山，东接寒同山，北望沧海，南眺群峰。虽海拔仅 300 余米，却山岩耸秀，林壑优美。

知识链接

郑道昭

郑道昭（455—516 年）字僖伯，自称"中岳先生"，谥文恭。荥阳开封（今属河南）人。他是北魏时期著名的政治家、诗人和书法家。北魏孝文帝年间，官至通直散骑常侍。宣武帝年间出任光州刺史，转青州刺史。

郑道昭生性闲适散逸，喜游山水，好为诗赋，尤工书法，于光州各地题刻甚多。一般认为云峰山、大基山、天柱山各处摩崖石刻均出自郑道昭手笔。郑道昭的书法融百家之长于一体，刻意创新，笔力圆劲苍健，结构严谨宽博，运笔娴熟自然，气韵雄豪，有汉隶遗意，创一代书风。

　　云峰山共有历代刻石35处，其中北朝刻石17处（北魏16处，北齐1处），山阴半腰以《郑文公下碑》为起点，向上有《论经书诗》、《观海童诗》、《咏飞仙室诗》、《耿伏奴题字》。山顶以《云峰之山题字》、《九仙之名题字》为中心，四周有《赤松子》、《王子晋》、《安期子》、《浮丘子》、《羡门子》5处题字。东西两侧峰有左、右阙之称，左阙西壁有《左阙》、《山门》两处题字及郑述祖《重登云峰山记》，阙口南端巨石平面刻《当门石坐题字》；右阙仅刻《右阙题字》。

　　云峰山刻石在刻写时充分考虑到自然的风化，又采取了减少自然风化的合理措施。刻石多选择于云峰之阴，东向或西向的石面且多隐藏在绿树成荫的幽静的山谷中，由茂密的树丛遮挡风沙的侵蚀和南向强光的暴晒，避免了由于热胀冷缩的突变侵蚀。因此虽历经久远，仍清晰可辨。

　　云峰刻石，利用天然岩石、依山凿刻，或矗立、或斜依、或偃卧，嵌空叠架，姿态不一，与四周的自然景色融为一体。同时又能因形就势设计，凿刻独特，章法生动灵活，是云峰刻石的一大特色。

　　比如《郑文公碑》全文1000多字，石面偏左有一条由上而下约15厘米的粗劣石线斜穿而过，书写人便在左下角不

云峰山"郑公之所当门石坐也"刻石

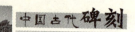
宜刻字的部位大胆的闪过。甚至在一行完整的刻石中，因石质粗劣有意越过，留去一字或数字的空白，整个章法闪让交错，取其天然，上下贯联，给人感觉非常庄重、古朴。

云峰刻石的雕刻艺术已经达到了相当高超的水平，可谓纯熟自如。在刀法上多以圆刀代替了平直的刀法，由早期粗放方整到方圆结合风格飘逸，顿、挫、运、转，表现深刻，使传统的雕刻技法和书法艺术融为一体。

大基山刻石

大基山古称东莱山，又称掖山，位于山东省莱州市城区东 5 公里，海拔 478 米。山体呈半环状，四周群峰环抱，当中为一深邃圆阔的谷地，仅西南方有一豁口，自成天然门户。因谷内自古为道家所居，故俗称道士谷。谷内林丰木繁，古木参天，芳草萋萋，山花野果，清香流溢，因无村居阡陌，纤尘不染，清静安谧。昔日谷底清泉四涌，溪流纵横，潺潺流水经年不断。

自山谷至山顶分布历代摩崖刻石 24 处。其中相传有北魏书法家光州刺史郑道昭父子手书摩崖题刻 14 处，其余为金元明清题刻共 10 处，这些刻石大小不一，多者数百字，少者仅十余字，主要分布于四面诸峰、南北入谷处及谷之腹心处。其中尤其以位于西山腰的《登大基山诗》（又称《置仙坛诗》）最为著名。该石镌刻于西峰东侧山腰的一长方形独立巨石上。石高约 2.90 米，宽 4.20 米，厚约 1.5 米，状如枇杷果，故称"枇杷石"。刻石字高约 9 厘米，宽约 10 厘米，共 206 字，字字刚劲挺拔，笔力雄强，虽历经千年沧桑，依然字迹清楚可辨，雄伟壮观。

天柱山摩崖

天柱山古称高宝山，位于山东省平度市大泽山镇北隋村北 1.5 公里处，海拔 280 米。山中有刻石共计 72 块，都是北魏年间的。其中最著名的是矗立在天柱山之阳的《郑文公碑》。这块摩崖刻在一块天然巨石上，高 3.2 米，宽 1.5 米，阴文 20 行，每行 40～50 字不等，共计 881 字。碑文历 1400 多年至今仍清晰可辨。书法多用圆笔，变化巧妙；结体宽博，气魄雄伟。

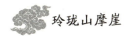 玲珑山摩崖

玲珑山在浙江省青州城西南 16 公里处的群山环抱中，海拔 567 米，面积 2.73 平方公里。峻峰锐起，耸拔突兀，为一方之冠。嵯峨的石峰林凸起在浑圆的山顶上，远远望去，犹如一座雄踞山巅的古代城堡。玲珑剔透的怪石、形态各异的洞穴遍布山体，它简直像一块巨大的盆景石，搁置于天地之间。

玲珑山的北魏刻石，较重要的有 3 处，山顶 2 处，山下 1 处。山顶的两处，一曰《白云堂题名》，一曰《北峰山题名》。山下的一处最为著名，就是镌刻在北峰一块巨大石壁上的《白驹谷题名》。

云峰诸山北魏摩崖，一般认为是郑道昭（？—516 年）的真迹。郑道昭，字僖伯，自号中岳先生，北魏开封（今属河南）人。官至秘书监、荥阳邑中正，曾出任光州和青州刺史。

浯溪摩崖石刻群

唐代最重要的摩崖为湖南祁阳县城西的浯溪摩崖群。

浯溪摩崖石刻群位于湖南省永州市祁阳县城（浯溪镇）西南部湘江大桥南端的浯溪公园内。距离永州市区 50 多公里。此处苍崖石壁，濒临湘江，巍然突兀，连绵 78 米，最高处拔地 30 余米，为摩崖文字天然好刻处。

根据 1994 年的调查，浯溪摩崖石刻群共有自唐大历二年（767 年）至民国九年（1920 年）300 多人的诗、词、书、画、题词石刻，包括活碑、残碑计 505 方，其中唐代 30 方，宋代 113 方，元代 5 方，明代 78 方，清代 88 方（包括安南——越南使臣诗 5 方），民国 9 方，还有时代不明的 182 方。其中最著名的是被人称为"摩崖三绝"的《大唐中兴颂》。

唐代杰出散文家、诗人元结，于代宗大历六年（771 年）将 10 年前率兵镇守九江抗击史思明叛军时写下的充满浩然正气的名篇《大唐中兴颂》旧稿补充定稿。这是元结的一篇有代表性的、为人传诵，又是本人最得意的作品。颂文"以史为鉴，端严正气"。即以"安史之乱"为借鉴，痛玄宗重色昏庸，恨孽臣奸骄毒乱，赞肃宗盛德之兴，喜群生万福是膺，表臣僚忠肝义胆。可传千古，可寿名山。因此被称为"文绝"。

文章定稿以后，元结派专人赴临川，请他的好友颜真卿大笔书写，并于

清嘉庆重刻颜真卿书《大唐中兴颂》

夏六月石刻于摩崖上。颜真卿时年63岁，其书法艺术正处于成熟期。而他写颂时下笔激越高昂，气势磅礴，字字刚正雄伟，气度恢宏，精神内蕴，字里行间充满刚毅之气，使中兴碑成为鲁公生平得意之笔，堪称颜氏翰墨之高峰。颜书《大唐中兴颂》，流动而又刚健的运笔，秀丽而又圆润的点画，落落大方而又平整坚实的结构，形成质朴雄强的气势，有如一曲刚劲有力的正气之歌，显示出作者"立朝正色，刚而有礼"的风度，实令人百看不厌，余味无穷而又感慨万千！唐以后历代书法家无不为之倾倒，被誉为"宇宙杰作"，致使后人"百拜不能休"，的确是颜字中最具魔力的一绝。故此被赞为"字绝"。

此处崖壁宽广 120 平方米，中兴碑高 3.2 米，宽 3.3 米，全幅面积 10.56 平方米。如此高、大、陡、险的顽然巨石正是难得的摩崖之处，因而可当"石绝"。

后人为保护摩崖三绝，自宋仁宗皇祐五年（1053 年）始，已经六次修建"三绝堂"。

除了《大唐中兴颂》外，浯溪摩崖群中较为出众的还有元结此前撰文、请名家写篆的"老三铭"——季康玉箸篆《浯溪铭》、瞿令问悬针篆《吾台铭》、袁滋钟鼎篆《吾亭铭》；宋代著名书法家米芾的《浯溪诗》和著名文学家黄庭坚的长诗《书摩崖碑石》及清人何绍基、吴大澂等名家题名刻石的"新三铭"等。

宋代以后的摩崖以重庆涪陵的长江白鹤梁题刻最具代表性。

白鹤梁题刻

白鹤梁题刻位于重庆城东北 120 公里处涪陵城北长江中的天然大石梁山，

东距乌江与长江汇合处一公里，现处于三峡库区中，原本是在造山运动时天然形成的一块长约 1600 米、宽 16 米的天然巨型石梁，形似卧伏长江的巨鳄。古时候这里环境优美，郁郁葱葱。每当秋冬来临，便有成百上千的白鹤飞到此地栖息，翩翩起舞，煞是奇美，白鹤梁即由此得名。又相传唐时白石渔人和尔朱真人在此修炼得道，乘鹤仙去，故以"白鹤"名之。

过去白鹤梁仅冬春季偶尔露出水面。因此古代劳动人民就在白鹤梁上刻石鱼作水标，以此记录枯水变化，预卜农业丰歉。梁上刻历代石鱼图 14 尾，最大的一条长 2.8 米，宽 0.95 米，高浮雕。其余均为线刻，长 0.3～1 米不等。作为水文观测标志的 3 尾石鱼中，较清晰的是清康熙二十四年（1685 年）重刻的一对雌雄鲤鱼，溯江而游，首尾相连，分别长 1.05 米和 1 米。据实测，这对石鱼眼睛的海拔高程为 137.91 米，与当地现立水位标尺零点的海拔高程相差无几，说明石鱼水标具有相当的科学性。在石梁中段，贴近这一对石鱼的下方，尚隐约可见一对较小的线刻石鱼，长约 0.58 米，应为唐广德二年以前的遗物。

因为传说凡逢石鱼出水，其年即是丰年，因此这些石鱼引得历代游客络绎不绝。不少游人还是历代的书法名家、文人墨客或地方官吏，他们纷纷在此留题纪胜，或怀古颂今，或记事言情。题刻排列无序，多依地势，参差不齐，主要分布于中段东端约 70 米长的梁脊倾斜 14.5 度的北坡上。整个题刻区长约 220 米，宽约 15 米，总面积 3300 多平方米。现存题刻 163 幅，计 1 万多字，题刻人姓名全者 500 余人。题刻中最早者刻于唐广德元年（763 年），其余以宋代居多，次为元、明、清三代和近现代。截至 1963 年 2 月 15 日涪陵文化馆最后题刻落笔，刚好 1200 年。题刻

白鹤梁题刻原貌

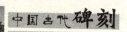

文字大者每幅约 2 米见方，小者长、宽不盈尺。其中不乏历代名人真迹，如黄庭坚、晁公道、黄寿、朱昂、吴革、刘甲、庞公孙、王士贞等。书体更是颜、柳、苏、黄皆备，真、草、隶、篆并呈，可谓汇名家书法于一梁，大放异彩，流芳千古。其中尤以北宋大书法家黄庭坚题写的"元符庚辰涪翁来"最为令人惊叹。

这些题刻当中，有关水文的题记有 108 段。它们和石鱼图像共同记录了自唐以来 1200 多年间长江中上游 72 个年份的枯水水文资料，为研究长江水文和区域气候变化，利用长江进行灌溉、航运、发电以及城市、桥梁和水利工程的规划及建设提供了极为可靠的实物依据，具有很高的科学价值，是世界水文史上的奇迹。葛洲坝水电站和宏伟的三峡工程都参考了白鹤梁水文题刻的一些数据，如三峡工程确定的 175 米水位高程就是以白鹤梁 1000 多年的洪水记录为依据。同时它们又是珍贵的历史文献，有的可补史书阙误，还具有较高的书法和文学艺术价值。

1974 年在巴黎召开的国际水文工作会议上，中国代表团以《涪陵石鱼题刻》为题，向大会提交报告，白鹤梁的科学价值遂得到世界公认，被联合国教科文组织誉为"保存完好的世界唯一古代水文站"。

由于三峡工程建设的需要，白鹤梁题刻将要永沉江底。文物保护部门最初认为已经没有办法保留白鹤梁题刻。为了最大限度地保存题刻原貌，当地博物馆和文物管理所花了几个月的时间，在白鹤梁上风餐露宿，将上面的题刻全部用硅胶翻成反模。这样，即使白鹤梁题刻永沉水下，这些反模也可以被处理成正模，供人观赏。

知识链接

三峡工程

三峡工程，即三峡水利枢纽工程，是一项包括航运、发电等在内的综合性水利工程。三峡工程位于中国重庆市市区到湖北省宜昌市之间的长江干流上，和下游的葛洲坝水电站构成梯级电站。它是世界上规模最大的水电站，也是中国有史以来最大型的工程项目。1992年获得全国人民代表大会批准建设，1994年正式动工兴建，2003年开始蓄水发电，于2009年全部完工。

三峡大坝坝址位于湖北省宜昌市上游不远处的三斗坪，高程185米，蓄水高程175米，水库长600多公里，总投资954.6亿元人民币，安装32台单机容量为70万千瓦的水电机组，现为世界最大的水力发电站。

但是，2001年4月，中国工程院院士、上海交大教授葛修润提出了"无压容器"保护方案。葛院士认为，白鹤梁题刻之所以保护得非常好，靠的就是水。正因为题刻常年在水下，才会保存比较完整。反之，如果把白鹤梁暴露在空气中，很容易被风化。所以最好的保护环境就是原质的长江水。"无压容器"是一个椭圆形平面的单跨拱形壳体结构，壳体结构覆盖"白鹤梁题刻"。容器内的水与容器外的长江水连通，造成内外水压一致。由于内外压力可以相互抵消，"水下宫殿"内部也就相当于没有了压力。此外，壳体还将保护题刻不受泥沙淤积和冲淘破坏。壳内通过过滤，置换源自长江的清水，再配以强大的光源，能满足参观者清晰观赏石刻的要求。

这个方案最终获得国家文物局批准，被正式确定为白鹤梁题刻的保护方案。2003年2月，这座"水下宫殿"破土动工。2009年5月18日，白鹤梁水下博物馆举行落成仪式，成为世界上第一座水下博物馆。

水下博物馆在水下40米处。参观者经过安检，通过一条长88米的电梯下降到水深40米处。再通过一条约150米的平直交通走廊，迈过一道宽约一米、厚约半米的钢制舱门后就进入到60多米长的环形参观走廊。参观走廊上的一侧有23个半米大小的水下视窗。从视窗望去，石鱼、书刻等都展现在面前，最近的题刻只有一米远，最远的也不过8米左右。水下题刻周围安装了6排共1万多盏节能灯，可以保证游客清晰地看到题刻。在视窗之外的水中还安装了28个可旋转摄像机，游客通过触摸屏调节可以欣赏到题刻的细致部

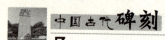
位，还能通过电脑数据库调集与眼前景观相关的录像资料等。倘若参观者是潜水爱好者，还能到水中和题刻做"亲密接触"。意犹未尽的参观者还可以到岸上博物馆参观从白鹤梁转移上来的题刻。水下博物馆的建成，使得原来只能在枯水季现身的白鹤梁题刻，现在常年可见。

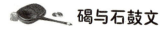

碣与石鼓文

凡是刻有文字的独立天然石块，都可以称作"碣"。先秦的石鼓可以算是碣的最早代表，其后秦始皇巡游天下的七处刻石都是典型的"碣"。

从现存实物和文献记载判断，碣的形状在方圆之间，上小下大，形似馒头。在碑出现以后，碣的功能逐渐被取代，汉魏以后，这种形式的石刻就很少见了。因此到了唐代以后，已经碑、碣不分了。如果不加区分，统统都可称之为碑。如果分开来说，则有碑和碣的区别。流传最广的是唐代李贤注解《后汉书》时的说法："方者谓之碑，员（即"圆"本字）者谓之碣。"这就是说，从正面看，上顶为圆弧形的是碣，上顶平、正面呈长方形的是碑。还有一说，出自《唐律疏议》引《丧葬令》："五品以上听立碑，七品以上立碣。"既然从官位的高低来规定，显然大者为碑，小者为碣。但具体的尺寸之别未见记载。

后代历史上直接称作碣的也甚为少见，如东汉永寿元年的《孔君墓碣》、柳宗元撰文的《唐故兵部郎中杨君墓碣》等等。其他大多数刻碣也不是为了记功记事，而是放置在名胜、园林中的假山上，供刻写景致名称或题词用。而且这些刻石也几乎不再使用"碣"的名目了。真正称得上"碣"的当数著名的 10 块石鼓了。

石鼓文共有 10 件，每件均作鼓形，高二尺，直径一尺多，周长三尺有余，是我国现存最早的大宗石刻。十个石鼓分别刻有一首四言诗，内容记述了周天子使臣与秦国君一同游猎，在吴阳射鹿捕鱼，高原行猎，谛地大狝，后经汧水而归的情况。故又称"猎碣"。诗的格调颇似"诗经"。

秦汉以后，石鼓长期湮灭无闻，直到唐初才在天兴（今陕西宝鸡）三畤原被发现，唐宪宗时被迁入凤翔孔庙。唐代杜甫、韦应物、韩愈等人都曾作诗吟咏，石鼓之名始广为人知。五代战乱，石鼓散于民间，北宋司马池（司马光之父）搜得其九，移置凤翔府学。宋仁宗皇祐年间（1049—1053 年），一位叫向传师的人几经周折，终于找到最后一鼓——乍塬鼓，当时已被农人改制成臼，顶端截去了一大块。由于宋徽宗非常喜欢石鼓，故又于大观年间（1107—1110年）中迁至东京（今河南开封）辟雍，后入内府保和殿稽古阁，并用金嵌入字口。金人破汴京后辇归燕京。元灭金以后，移至国子学大成门内。直至清朝灭亡，石鼓一直存放在这里。1937年抗日战争爆发后，由当时的故宫博物院院长马衡主持，石鼓随其他众多故宫珍宝南迁，暂厝于四川峨眉县西门外武庙，抗战胜利后才运回北平，1956年开始在故宫博物院铭刻馆展出。

全部石鼓文应有7000多字，经历了数百年的风雨沧桑，现在十个石鼓所刻文字多已残损，仅存272字。北宋欧阳修所录已仅存465字，明代范氏《天一阁》藏宋拓本（本为元代赵孟頫藏）仅462字。其中一鼓——马荐鼓至今已一字无存。清乾隆五十五年（1790年），为更好地保护原鼓，乾隆皇帝曾令人仿刻了十鼓，放置于北京国子监，现仿鼓仍在国子监大门两侧展出。但限于乾隆时期古文字研究及仿写的水平，其字形以及刻字部位和原石鼓都有不少差别。而且复制的石鼓形状完全取于今鼓，鼓膜鼓钉俱全，完全丧失了原来的形制。

石鼓文的石与形，诗与字浑然一体，充满古朴雄浑之美。石鼓文书写用笔起止均为藏锋，书体线条匀圆，笔力稳健。横竖折笔之处，圆中寓方，转折处竖画内收而下行时逐步向下舒展。在章法布局上，虽字字独立，但又注意到了上下左右之间的偃仰向背关系。字体多取长方形，字行方正大方，促长伸短，匀称适中。体势整肃端庄，古朴雄浑，凝重遒劲。前人大多认为这就是许慎在《说文解字叙》中提到的出自周宣王时史籀之笔的籀文。但实际上这是由秦之大篆向小篆衍变而又尚未定型的一种过渡性字体，在古文字学上应划归战国文字中的秦系文字。

石鼓文被历代书家视为习篆书的重要范本，故有"书家

清乾隆时期仿制石鼓

第一法则"之称誉。自唐以来，凡学篆者，无不奉为典范。

唐代书法家虞世南、欧阳询、褚遂良都很推崇其书法，历代很多文学家和书法家也都推崇备至。其对书坛的影响至清代最盛，著名篆书家杨沂孙、吴昌硕就是主要得力于石鼓文而形成自家风格的。

石鼓义的拓本，唐代就有，但早已失传。流传下来的最著名的拓本，有明代安国藏的《先锋》、《中权》、《后劲》等北宋拓本，现在日本。元代赵孟頫藏宋拓本后入藏宁波范氏《天一阁》，清代咸丰十年（1860 年）毁于太平天国战火。

十只石鼓的名称和排序如下：

车工鼓第一

汧殹鼓第二

田车鼓第三

銮车鼓第四

灵雨鼓第五

乍塬鼓第六

而师鼓第七

马荐鼓第八

吾水鼓第九

吴人鼓第十

第二节
石碑、墓志与塔铭

 **碑刻**

就今天所知，先秦时代有三种器物被称为"碑"。

其中之一，原指一种大木，上面有一个圆孔称为"穿"。这种大木一般竖立在墓坑的四角，当棺椁下葬时，将绳子穿过"穿"，牵引棺木徐徐下降。这种"碑"在下葬完毕以后并不撤除，因此可以为后来凭吊逝者的人指引方位。后来这种"碑"改为石质，并开始逐渐在上面刻写逝者的姓名、官职、籍贯等基本信息，就产生了后世常见的墓碑。到了汉代以后，人们又将追述逝者功劳、表彰其生前业绩一类的文字一同刻在上面，因而逐渐演化出纪事碑、功德碑等各种内容的碑文来。

第二种"碑"实际上是古代用来测定日影以定时的仪器日晷的别称。

第三种器物，可能与墓碑同源，也是从竖木或竖石演变而来。只不过这种"碑"不是立在坟墓周围，而是立在祠庙门外，用来拴马；也有"穿"，不过开在中间而非顶部。1996 年，考古工作者在河南新郑市的韩国宗庙遗址发现一块这样的碑，很可能最初就是立在韩国宗庙门前的，被称为"中华第一碑"。

碑的形制变化大致可分为以下几个阶段：

 1. 两汉碑刻

由于西汉时期还处于木碑向石碑过渡的阶段，而且王莽篡权以后，凡有石刻者皆令扑倒磨灭，故而西汉时期的碑刻存世稀少，且形制不一，还算不上严格意义上的石碑。东汉石碑多为丧葬用，形制完整、统一，成为后代碑刻所遵循的范式。

汉碑的主要特点是：碑首与碑身由同一块石头一体雕刻而成。首有圭首（上尖下方）、圆首和平首（又称"齐首"或"方首"）三种形状，纹饰以云气为主。圭首碑较为常见，如《郑固碑》、《鲁峻碑》、《鲜于璜碑》、《景君碑》、《白石神君碑》、《仓颉庙碑》等皆是。

碑首正中称为"碑额"，多用篆书提携碑名，如"某某之碑"。不过

"中华第一碑"

汉碑的碑额并不强求居中，而是因势而就。汉碑在碑额下方还保留着原始碑的特征之一——穿。如《衡方碑》、《武荣碑》、《武斑碑》、《白石神君碑》、《鲁峻碑》、《陈德残碑》、《郑固碑》、《校官碑》。有的碑穿在碑身的上部，如《李孟初碑》、《景君碑》、《仙人唐公房碑》、《娄寿碑》等。有的碑穿位置几乎在碑身的中间，如《袁安碑》、《袁敞碑》等。也有的穿开在额上。此外，圆首碑"穿"的四周一般还刻有三圈被称作"晕"的弧形纹饰，如《赵菿碑》、《营陵置柱碑》、《孔宙碑》、《仙人唐公房碑》。东汉晚期，"穿"逐渐被废止，而"晕"则逐渐演化为蟠纹、螭纹，并进一步发展为龙纹乃至"四灵"（青龙、白虎、朱雀、玄武）的图像，如《鲜于璜碑》。

碑身的正面称为"碑阳"，碑面称为"碑阴"。两侧称为"碑侧"，其中靠近碑阳首行的为"右侧"，另一侧为"左侧"。碑阳一般刻正文。碑阴则多用来题名，一般包括撰书人、立石人、赞助人及捐款数额等。不过，东汉以前书碑人多身份低微，故而很少署名于碑上。已知的仅有三例：《武斑碑》之纪伯允、《华山碑》之郭香察和《衡方碑》之朱登；另外在摩崖中还有两例，即《西狭颂》之仇靖和《郙阁颂》之仇绋。刻工地位更低，在汉碑中未见。也有的碑阴刻另一篇长文，则称"后碑"，碑阳则相对称"前碑"，如《史晨前后碑》。如果正文过长，碑阳刻不下，则依次刻在左侧、碑阴和右侧。

汉碑的碑侧一般无纹饰，碑座也是无纹饰的方形石基。东汉末年开始出现了龟趺，如《白石神君碑》和《王舍人碑》。龟趺应当从玄武的形象演化而来，后附会为龙之九子之一，名赑屃，性喜负重。

知识链接

龙生九子

所谓"龙生九子"，并非龙恰好生九子。中国传统文化中，以九来表示极多，有至高无上地位，九是个虚数，也是贵数，所以用来描述龙子。但到了明代，人们开始认为"九"是实际的数字，但对于究竟是哪九子一直没有准确的说法。一般通行的看法是：

老大囚牛，龙头蛇身，爱好音乐，性情最温顺，专好音律，耳音奇好，能辨万物声音，它常常蹲在琴头上欣赏音乐，因此琴头上便刻上它的遗像。

老二睚眦，豺首龙身，性格刚烈，好斗喜杀，好杀戮，能克煞一切邪恶。所以古人常把它刻在刀剑刃身与手柄接合的吞口处，更增添了慑人的力量。

老三嘲风，形似兽，好险又好望，因此常出现在殿宇屋脊上。

老四蒲牢，形似盘曲的龙，好鸣好吼，常作为钟上的兽钮。

老五狻猊，又名金猊、灵猊，形似狮子，虽然相貌凶悍，但喜静不喜动，好坐，又喜欢烟火，佛座上和香炉上的脚部装饰的狮子形兽就是它。

老六赑屃，又名霸下，形似龟，有一排牙齿，好负重，力大无穷。传说它上古时代常驮着三山五岳，在江河湖海里兴风作浪。后来大禹治水时收服了它，它服从大禹的指挥，推山挖沟，疏通河道，为治水作出了贡献。洪水治服了，大禹担心它又到处撒野，便搬来顶天立地的特大石碑，上面刻上它治水的功绩，叫它驮着，沉重的石碑压得它不能随便行走。因此后世常用作碑刻的基座。

老七狴犴，又名宪章，形似虎，好争讼，有威力，急公好义，好仗义执言，而且能明辨是非，秉公而断。因此衙门长官坐堂时用的衔牌和出巡时的肃静回避牌上端，都用它的形象；古时牢狱的大门上，也都刻有狴犴头像。

老八负屃，狮头龙身，好舞文弄墨，石碑两旁的"文龙"就是它。

老九螭吻/鸱尾，龙首鱼身，口阔嗓粗，好吞，多安在屋脊两头，有消灾灭火的功效。

另一种说法认为：

老大是赑屃；老二是螭吻/鸱尾；老三是蒲牢；老四是狴犴。

老五饕餮，样子似狼，性贪吃。因为它贪吃无厌，把能吃的都吃光以后，竟然吃了自己的身体，只剩一个头，因此从来都是有头无身的形象。又因它能喝水，古代也将其刻在桥梁外侧正中，防止大水将桥淹没。

老六是睚眦；老七是狻猊。

老八椒图，形似螺蚌，性好僻静，性情温顺，反感别人进其巢穴，故人们常将其形象雕成大门上的衔环兽或刻画在门板上，也有刻在挡门石鼓上的，令其保卫家庭安宁。

老九貔貅，有独角、双角之形，短翼、卷尾、鬃须，有火性，能招来大量的金钱，自古以来都作为守护财宝吐宝之圣物。

汉碑字体大多数是隶书，也有极少数为篆书，如《袁安碑》、《袁敞碑》。东汉碑文所刻的隶书，一般没有那种破锋枯笔的现象，故多给人以一种静穆、朴拙的高古之美。

 2. 魏晋碑刻

由于随着曹操禁止厚葬的命令，使东汉盛行的那种树立丰碑的风气得以消失，人们也把这个时期似乎称为无碑时代。

但曹魏以后也有一些碑出现。如西晋的《孙夫人碑》、《吕望表》，前秦的《邓太尉祠碑》、《广武将军碑》，北凉《沮渠安周造寺碑》，东晋的《爨宝子碑》等。尤其是北魏统一北方以后，不受禁碑，碑志重又盛行，涌现出许多碑志。如《郑文公碑》、《晖福寺碑》、《大基山诗碑》、《张猛龙碑》、《马鸣寺碑》等。

3. 隋唐碑刻

碑的形制最终确定下来，并为后代遵循。由于碑的形体不断加大，这时候的碑已经分为三个部分，由碑冠（碑额）、碑身、碑座组成，其形式可说是多样化和艺术化。尤其是碑冠，往往单独雕刻，形状不一，花样较多。碑冠有蟠螭纹冠，由三四条曲身的龙组成，如乾陵武则天的《无字碑》、颜真卿撰并书《颜家庙碑》。还有殿宇冠，冠形像殿宇的屋顶，如乾陵的《述圣记》、唐玄宗

带有碑座的唐代碑刻（西安碑林陈列）

《孝经》。此外，还有半圆冠、无冠方形等。碑冠往往较背身略大，以起到挡雨的作用，更有利于碑身文字的保存。

碑座绝大多数为龟座和二龙戏珠方座。还有正方渐减梯形座，面上有浅刻兽纹和蔓草纹，如《述圣记碑》和唐玄宗《孝经》等。除此之外，受到佛教的影响，还出现了须弥座。如柳公权的《玄秘塔碑》和褚遂良的《同州圣教序碑》等。

总之，这时期的碑刻讲究艺术化，本身已经成为一件精美的艺术品。从碑文的字体来看，唐以后的碑文诸体兼备，因这时期各种书体均已完备。刻石技法上也较以前大为改观，能刻"破锋枯笔"了。这样使书法艺术更加多姿、逼真。这时期的行书、草书、真书均以入碑。如颜真卿《多宝塔碑》、褚遂良的《房玄龄碑》、欧阳询的《九成宫醴泉铭》、《皇甫诞碑》均为真书；《怀仁集王圣教序》、唐太宗李世民《晋祠铭》、《温泉铭》均为行书；武则天《升仙太子碑》为行草书；《张旭草书千字文断碑》、怀素的《律公帖》刻石等均为草书。这些碑刻不仅是中国书法史上的瑰宝，而且也可以说是世界线条造型艺术上的杰作。至于碑刻雕刻艺术，也较汉代的画像石和画像砖有着较大的发展。在圆雕上，碑冠的蟠螭精致而生动，碑座的龟逼真而精细。

碑面浮雕已有高低二种浮雕之分。如褚遂良书的《同州圣教序碑》的碑座有武士高浮雕，个个刚劲有力，栩栩如生。低浮雕有"二龙戏珠"，流畅活泼，在线刻上也五彩缤纷，尤其碑刻，有蔓草纹、宝相花、兽鸟以及人物等。

这些线刻不仅丰富了石刻艺术，而且那些绚丽的蔓草、宝相花和人物兽的有机构图，丰富并发展了装饰画。

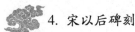
4. 宋以后碑刻

这个阶段只是续隋唐的余风，在碑的形式上毫无创新，在艺术上更是薄弱，缺乏生气，不仅没有像唐代那样精致生动、形式多样，也无汉代的古朴笨拙，给人一种呆板粗略的感受，即有的碑就是一块方列石，既没有任何装饰，也没有碑冠和龟座，仅以一块方形的石基作碑座。除此之外，这时期的碑与以前不同的是，即在书法布局上不仅仅是一些密密麻麻的小字，而是以大字居多，有的碑只书几个字，甚至只书一个字，如"福"、"寿"，以及一笔"龙"、一笔"虎"字等。此外，还有把绘画、舆地、山川刻入碑里。如苏州碑刻博物馆陈列的四大宋碑《平江图》、《天文图》、《地理图》、《帝王绍运图》等，具有较高雕刻艺术。此外，宋代以后的一些碑刻，往往是因其文学资料方面有着丰富的内容才被世人所重视而保护起来，得以一直流传至今。

墓志

由于随着曹操禁止厚葬的命令，使东汉盛行的那种树立丰碑的风气得以消失。然而，其碑的内容并没有消失，而它用另一种形式出现了。即由地面移入墓中，因而墓志流行开来。

佛教传入中国以后，信众渐多，出家的僧尼及居士按照佛教仪轨，通常不用棺葬而用火葬，焚尸后入骨灰塔。但仍有不曰墓志而曰塔铭。

墓志是指置于墓中，专为记述死者姓名、籍贯、生卒年月和事迹的石刻。

墓志铭一般碑石较小，字体精致，又因埋入墓内，不易毁损，出土时还像新的一样，弥足珍贵。

一般认为，墓志的产生是由于东汉末年曹操下令禁碑，但人们悼念逝者之情仍希望有所寄托，于是产生了这种埋放于墓中的刻石形式。不过，在检寻古代文献和现代考古发掘的过程中，人们也发现一些其他种类的刻写文字，可能与墓志有关。

早在周代，古人在丧葬队伍中就已经开始举"铭旌"，即后代的"幡"，并一直沿用至现代。现代发现的一些出土文物表明，汉代以前的"铭旌"上面一般都写有死者的姓名、籍贯等文字。

1979 年，在陕西秦始皇陵西侧赵背户村的秦代刑徒墓地中发现过一批陶片，上面刻有尸骨主人的名字。由此可以看出，标记死者姓名、随尸体一同下葬的风气早已有之。而且这一做法也延续到东汉。在东汉时代，凡刑徒在服刑期间死去的，官方利用劳役工程废弃的残砖，统一制作"刑徒砖"，一般是经过粗略的打磨，然后在上面用朱砂书丹，然后刻写。1964 年，考古工作者在洛阳南郊发掘了 522 座东汉刑徒墓，共出土"刑徒砖"820 余块。刻写的内容也较秦砖更详细，除死者姓名、籍贯以外，还包括部署、职别、刑名、所在狱名和死亡日期等。

墓室刻石

在西汉后期的墓葬中，开始出现了墓室刻石。这种装饰到了东汉时期更加精致。题材包括人物、车马、鸟兽、花木、建筑、神怪等，有时还会在画像边刻说明性的"题榜"。少数墓室刻石还会刻有墓主人的姓名、籍贯、官职、事迹以及卒、葬年月和哀悼祈愿等文字。这一习俗在古代典籍如《西京杂记》、《博物志》等当中也有记载，光绪末年山东峄县所出《临为父作封记》就是这种东西。西晋时此类石刻有所谓《荀岳墓题字》、《魏雏枢题字》、《石尟（xiǎn）墓题字》、《石定墓题字》等。但这一时期尚未有墓志之称，形制也不一致。

现存最早的墓志是东汉延平元年（106 年）的《贾武仲妻马姜墓记》，虽并未自称"墓志"，但其形式、内容都已经与墓志基本相同了。由此看来，墓志的出现确实要早于曹魏时代。魏武禁碑，只不过是促进了这种石刻和随葬形式更加普及罢了。

这一时期还有直接把小型墓碑埋入墓内的，如洛阳出土的永平元年（291 年）《徐夫人菅洛墓碑》、元康元年（291）《成晃碑》。这些"墓碑"的形式和内容都与地面上的墓碑相同，只是形体缩小而已。

墓志在定型之前有多种样子。有圭形的，如清乾隆年间出土的晋代《刘韬墓志》，只一石，长二尺余，宽尺余，上尖下平，形似玉圭，称"圭形墓志"。相似的

还有洛阳出土的元康九年的《徐美
人墓志》。此外还有竖长方形的，
如北京出土的永嘉元年（307 年）
《华若墓志》。还有《刘宝墓志》，
方趺圆首，与碑碣无别。

墓志成熟与定型是在南北朝，
尤其是北魏时期。定型以后墓志身
多为方形，在下为底，配有一样大
的正方形盖以保护志文。盖和身共
同，谓之"一合"。有时志和盖的
四周还有花纹装饰。有的盖左右还
镶嵌两只铁环，以便于提取。盖上
多用篆书刻朝代和死者官爵与姓
名，身刻志文。志文多数是平常的
叙述性语言，记死者姓名籍贯、家
谱世系，次叙生平事迹、官爵履历
并颂扬其政绩德行，再记卒葬年月
和茔地位置、妻女情况等；最后用
几句押韵的文字加以概括并表达悼
念之意，叫做"铭"。志文和铭合
称为"墓志铭"。有的墓志阴面或
侧面刻有家属姓氏。现存最早明确
称为"墓志铭"的，是刘宋大明
八年（464 年）的《刘怀民墓志
铭》。

近代著名藏书家吴元起藏《刘韬墓志》拓片（原石
已佚)

北朝以魏太和二十三年《韩
显宗志》为最早，其他较重要的还
有《刁遵志》、《崔敬邕志》、《郑道忠志》、《李超志》等。

也有一些特殊形状的墓志，比如仿龟形的北魏《元显隽墓志》。而唐代的《李
寿（唐高祖李渊弟）墓志》，龟形更大，且彩绘贴金，雕刻精湛，富丽堂皇。

这一时期的墓志身上多刻棋子方格，志文用小楷书。北齐和隋代的墓志间有隶

书。唐代墓志也有用行书的。

历代对隋唐时期墓志的收藏与研究极为重视，在近代更是达到了高潮。清末以来对隋唐墓志大力搜集汇录者有端方、罗振玉、章钰、陆和九、缪荃荪、于右任、张钫、李根源等人。其中墓志的收藏以张钫的《千唐志斋》最为著名。斋建在河南新安张钫旧居内，共收藏、著录唐代墓志 1250 种，仅洛阳地区出土的就有 1209 件，至今仍全部保存完好。此外还有李根源的曲石精庐所藏亦颇丰。

中华人民共和国建立后，各地在考古发掘中陆续发现了一批隋唐时期的墓志材料，其中很多都具有重要的史料价值。如西安地区出土的隋大业四年（608 年）《李静训墓志》、唐景云二年（711 年）《章怀太子墓志》、开元廿八年（740 年）《杨思勖墓志》、咸通十五年（874 年）《苏凉妻马氏墓志》；北京地区出土的唐建中二年（781 年）《姚子昂墓志》；辽宁朝阳地区出土的隋大业八年（612 年）《韩暨墓志》、唐天宝元年（742 年）《韩贞墓志》；宁夏出土的乾元元年（758 年）《慕容威夫妇合葬志》等。此外在安徽合肥、亳县，江苏扬州以及福建、湖南、广西等地也发现了一批隋唐墓志，它们为考古发掘及研究工作提供了可靠的断代根据，对于隋唐历史文化的研究具有重要价值。现收藏隋唐墓志较多的有陕西省博物馆及昭陵博物馆、洛阳关林石刻艺术馆、开封市博物馆、扬州市博物馆、北京石刻艺术馆等。现存及有所著录者总数已近万件。

 知识链接

章怀太子

章怀太子李贤（654—684 年），唐高宗第六子，也是武则天所生的第二子。在其兄李弘死后，一度被封为太子，之后被废为庶人。武则天掌权以后，为避免李贤有什么轻举妄动，派丘神绩去巴州监视他。但丘神绩却做主将他囚于别处，逼他自杀，李贤遂死。武则天得知此事，于显福门为李贤举哀，并恢复他的王位，贬丘神绩为叠州刺史。中宗复辟后，于神龙二年（706 年）追赠李贤"司徒"，并派人迎其枢陪葬乾陵。睿宗景云二年（711年），追赠皇太子衔，谥章怀太子，与其妃房氏合葬。

李贤的才华，在高宗诸皇子中为最高。他统召注释的《后汉书》，至今仍为权威注本。深受后世赞誉。

宋元及以后，墓志锐减，不复辉煌。宋志出土者较少于唐，且并未受到收藏者重视。元明以下之见著录者更少。

可以附入墓志一类的还有买地券，亦称冥契、幽契、墓别。买地券源于西汉，盛于东汉，唐宋以后遍布于大江南北。买地券是死者领有阴间土地的凭据，通常附有道教的制鬼符篆，券文刻写或笔写于砖、铁、铅板、石板等硬化的物品上，以便于墓中久存。如吴《浩宗墓券》、西晋《杨绍墓别》、南汉《马二十四娘墓券》，这些"券"一般并不提及墓的四至。唐代以后开始明确四至，如《刘玄简墓券》。

北魏时期墓志

北魏时期有代表性的墓志有：

1. 《张玄墓志》

《张玄墓志》全称《魏故南阳张玄墓志铭》。此碑立于北魏普泰元年（531年）十月，原石已佚，出土之处不详。何绍基在道光五年时购得剪裱旧拓孤本，但在经过剪裱之后行款已失，推测为20行，行20字。当时为了避康熙的名讳"玄烨"，而改称为《张黑女墓志》。

《张玄墓志》正书，书法精美，刻工亦佳。字形略扁，多有隶书笔意，古质典雅。用笔方圆兼备。横画或圆起方收，或方起圆收；长捺一波三折，排泄角含分隶遗意，不少用笔有行书意，结体含动势。书法峻宕朴茂，笔画锋藏势劲，结体偏方，又由方趋圆。于北碑峻逸之中，又含南帖温润，遒丽与雄强之长兼而有之。既有北魏的神韵，又有唐楷的法度，堪称魏碑中难得的精品，备受书家好评。

何绍基旧拓至今传世，拓本共12页，每页4行，满行8字，今藏上海博物馆。

 2. 《元羽墓志》

《元羽墓志》刻于北魏景明二年（501年），1918年在河南洛阳出土，今存中国历史博物馆。

元羽为北魏王室，因此墓石字体优美，刻工极精细。其笔画方折峻厉，亦参用圆笔，直画收笔多做悬针形。

民国时洛阳北邙山出土的元姓诸志及其他北魏将相大臣志多为于右任鸳鸯七志斋所得，后移赠陕西省博物馆。

《张玄墓志》拓片局部

元羽墓志

南朝墓志较少，北朝为多。除《刘怀民志》外，建国后在南京附近出土了东晋《谢鲲志》、《刘谦妇刘氏志》、《王兴之志》、《刘剋志》、《王丹虎志》、《王闽之志》；齐《吕超静志》；梁《程虔志》、《永阳王萧敷夫妇志》。

南北朝和隋代墓志均不署撰书人姓名。唐代以后始有标撰书人名和官衔者，自撰墓志者则属个别，如甘肃出土的《明彭泽墓志》等。

墓志在隋唐时期更加普及，从王公贵族至平民百姓都在墓中埋设墓志，即使竖有墓碑，也要在墓中埋一件墓志。隋唐墓志的质地、雕饰和文字书法都比较考究，还有一些名人撰、书的作品。

隋代墓志

现存的隋代墓志是以官僚贵族及其眷属
的葬志为主。志文的撰写也有了相对固定的套路。一般志首先记叙死者的卒
官、姓名、籍贯和祖先世系，而后回顾死者的生平仕历并加以称颂，最后记
录死者的卒年、葬日、葬地及子孙姓名等。隋代有代表性的墓志有以下几种：

1. 《美人董氏墓志》

全称《美人董氏墓志铭》，刻于隋开皇十七年（597 年）。撰文者为蜀王
杨秀，隋文帝第四子，董美人为其爱妃，病逝时年方 19 岁，杨秀撰文以表哀
悼。21 行，行 23 字。

《美人董氏墓志》所书小楷在历代墓志中堪称上品，历来被列为隋志第
一。上承北魏书体，下开唐朝钟绍京一路小楷新风之先河，是南北朝到唐之
间的津梁。其书法布局平正疏朗，整齐缜密；结字恭正严谨，骨秀肌丰；笔
法精劲含蓄，淳雅婉丽。从字
体面目看，楷法纯一，隶意脱
尽，已与晋人小楷、北朝墓志
迥别，但是部分地可以看到外
方里圆、华美坚挺的笔致，给
人以清朗爽劲、古意未漓的
感觉。

《美人董氏墓志》原石于清
嘉庆、道光年间在陕西西安出
土。为上海陆君庆官陕西兴平时
所得，旋归上海徐渭仁。咸丰三
年（1853 年），上海小刀会农民
起义战争期间，原石毁佚。初拓
本流传甚少，极为难得。现北京
图书馆、北京大学藏本、日本三
井文库等均有收藏。

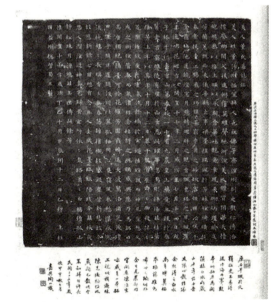

北京图书馆藏《美人董氏墓志》初拓本

2. 《张通妻陶贵墓志》

《张通妻陶贵墓志》立于隋开皇十九年（599 年）。志文 19 行，行 19 字。清末出土于陕西咸宁，原石已佚。原始拓片藏于故宫博物院。

此志楷书，书法结构平正，并具有齐陈峻整绵丽的风格，于隋代墓志中属于秀丽一派。

 3. 《苏孝慈墓志》

《苏孝慈墓志》立于隋文帝仁寿三年（603 年）。37 行，行 37 字，共1292 字。清光绪十三年（1887 年）在陕西蒲城县出土。

墓志出土当年，县令张荣升撰跋刻于碑文第三十一行（短行）"文曰"下方空白处，后因有人认为所刻位置不妥，遂被凿削。故今天所见整拓本仍留有清晰痕迹。

此志楷书，书法结字谨严，用笔劲利，神采飞动，是隋代书法的代表作，在书法上可以看作唐代欧阳询一派楷法的先驱。

 4. 《常丑奴墓志》

《常丑奴墓志》，凡 27 行，行 27 字，共存 659 字，系隋大业三年（607年）常丑奴及夫人合葬志。志石于明代存陕西兴平崇宁寺壁间，后随崇宁寺毁废，志亦佚去。现上海博物馆藏有明代拓本。册首有清金农题签，册后有清杨知、诸锦、陈章、高翔、姚玉珏、翁方纲等题跋。曾经曹溶、金农、陈骥德、吴大澄递相收藏。

常丑奴，扶风始平（今陕西兴平）人。该志正书，无撰书人姓名。被奉为唐楷之先导。

上海博物馆藏明拓《常丑奴墓志》首页

5. 《元公夫人姬氏墓志》

《元公夫人姬氏墓志》刻于隋大业十一年（615 年），清嘉庆二十年（1815 年）出土于陕西西安。初归武进陆氏，继为大兴恽氏、南皮张氏得，经咸丰庚申兵燹，石已断裂残缺不全，现仅存拓片。37 行，行 37 字，无书者姓名。

现存初拓本很好地保留了该志的本来面目。全志正书，笔势劲拔峻快，结体方整遒丽，是隋墓志中的代表之一。拓片曾经萧山朱翼盦先生收藏。1953 年，朱夫人张宪祗率子捐献故宫博物院。

唐代墓志

唐代墓志基本上沿袭了隋代墓志的形制和文体格式，但在表现形式上，出现了明显的等级差别。那些贵族和高级官员的墓志铭形制较大，刻绘精致，花纹装饰也较为繁杂，如在陕西昭陵出土的唐显庆四年（659 年）《尉迟敬德墓志》，该墓志边长约 120 厘米，顶形盖上刻有多重宝相花饰，中央以飞白书刻写志名，志侧刻有十二生肖纹及宝相花饰，志文达 2221 字之多。而一般平民和下层官员的墓志边长仅 40 厘米左右，志文在 500 字上下，装饰花纹也很简单，有的甚至没有任何装饰。有些地区（如新疆等地）还使用砖刻写墓志，更加简略。

唐代墓志的书法技艺十分丰富高超，包含了各种书体、各个流派的书法风格。初唐时期，墓志书法受褚遂良、虞世南、欧阳询等大书法家的影响十分明显，如咸亨三年（672 年）的《盖蕃墓志》、圣历二年（699 年）的《崔玄籍墓志》等。这种影响一直延续到盛唐时期，如天宝十一年（752 年）的《顺节夫人李氏墓志》，书体形神与褚遂良《大字阴符经》有许多相似之处。盛唐时期，由于唐玄宗喜作隶书，墓志中的隶书也随之增多，如开元十一年（723 年）的《崔泰之墓志》、天宝十年（751 年）的《倪彬墓志》等，都是用隶书刻写的碑刻佳作。中、晚唐时期，墓志书体又深受颜真卿、柳公权等大书法家的影响，如贞元五年（789 年）的《公孙夫人李氏墓志》等。唐代后期，墓志书体日渐草率，行书甚至行草体也时有所见。

唐代墓志的雕刻纹饰具有明显的时代特征。从唐初至唐高宗时期，主要是缠枝忍冬、卷云纹，纹饰简洁明快，枝蔓肥大，花叶、云朵多为单层三瓣形。武则天时期，主要是忍冬、行云及花鸟图案，纹饰变得纤细繁缛，花瓣、花朵层叠多生，缠枝纹形成多组〜形的连续图案，如圣历二年的（699年）《赵慧墓志》等。到了开元年间，出现了大朵花蕾的忍冬花饰和以花朵图案为主的多重忍冬及对叶忍冬花结以及四象云气纹与人身十二生肖纹饰等，如开元四年（716年）的《独孤氏墓志》、开元二十一年（733年）的《开承简墓志》等。到了天宝年间，转肥厚丰硕的花草纹居多，团花纹也开始出现，如天宝七年（748年）的《宋遥墓志》等。安史之乱以后，墓志的纹饰明显减少，变得粗率简略，花饰以团花、回形折线纹、宽肥的簇叶纹、四象及开光式十二生肖纹为主。

 1. 欧阳询书 《姚辩墓志》

《姚辩墓志》刻于隋大业七年（611年），虞世基撰文，是现今所见欧阳询书写的唯一墓志。高三尺三寸，广一尺五寸。寸楷32行，行42字。石在陕西西安出土，但不是原石，而是北宋元祐三年戊辰（公元1088年）翻刻的，一石二面，但翻刻技术极好，而且还能看到欧书小楷风格，字体方整，富有六朝风致。该铭"随"字带"辶（即"辶"），为隋碑中鲜见。

志主姚辩（546—611年），史书无传，字思辩，武威人，官至左屯卫大将军、右光禄大夫，屡立大功，死后赠左光禄大夫，谥曰"恭"。本志可补史书所缺。

该志为万韶文刻字。万韶文是隋唐两代知名刻工，唐永徽四年（653年）褚遂良的《圣教序碑》，也属万韶文刻，此时距离刻《姚辩墓志》已42年，万氏至少有60岁了。

《姚辩墓志》全拓

 2. 欧阳通书 《泉男生墓志》

《泉男生墓志》，唐代正书石刻。王德贞撰文，欧阳通书，调露元年（679年）刻。石高92厘米、宽91厘米、厚12厘米，其上篆书"大唐故特进泉君墓志"。1921年在河南洛阳城北东岭头村出土。原石曾归陶北溟，陶北溟欲转售日本人，为张风台以千元购回。后藏河南开封市博物馆。志文正书，46行，满行47字。书法严整俊美，恣肆奇倔，有其父欧阳询之风。

 ### 3. 颜真卿书 《王琳墓志》

《王琳墓志》全称《唐故赵郡君太原王氏墓志铭并序》，石灰岩质，纵90厘米、横90.5厘米。四侧刻云纹饰，唯下侧有"开元廿九年（741年）记"字样。志全文32行，满行32字，有浅界格。2003秋于洛阳龙门镇张沟村出土。

撰文者为王氏之夫徐峤，徐峤两《唐书》有传。官至润州刺史、江南东道采访处置兼福建等州经略使、慈源县开国公。

开元二十九年王琳卒于润州，徐峤悲痛欲绝，亲志其铭。翌年，峤卒。徐峤文采超人，所撰王琳志铭气度不凡，志文为颜真卿所书。此时徐峤50多岁，颜真卿30多岁，职位不高。徐峤让颜书丹，可谓慧眼识珠。

《王琳墓志》是迄今我国发现的颜真卿最早的书法艺术作品，让我们领略了颜真卿早年书法的魅力。从该志可见，早在青年时代，颜真卿的书法已呈现出独特的风格。随着岁月递增，其书渐臻完善，直至炉火纯青。

 ### 4. 颜真卿书 《郭已虚墓志》

《郭已虚墓志》1997年在河南省偃师出土，现藏偃师商城博物馆。颜真卿当时41岁，其书法艺术已有相当浓厚的功底。

此墓志青石质，长104.8厘米，宽106厘米，厚16厘米，盖顶篆书为"唐故工部尚书赠太子太师郭公墓志铭"，四边线刻有瑞兽及花纹。志文楷书，35行，满行34字，共1150字，有浅线界格，字体端庄工整，刻工十分精细。

墓志文统篇规整统一，单字结构严密，笔道刚劲有力，较之现藏最早的北宋多宝塔碑拓本影印本，保持了颜氏楷书风格的原风原貌，是研究颜体早期书法成就弥足珍贵的资料。

这一墓志间接地反映了当时唐王朝与吐蕃之间发生的重大事件和其他一些历史的真实状况，补充了唐代史志的不足，对历史研究有一定价值。

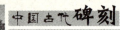

5. 张少悌书 《高力士墓志》

《高力士墓志》刻于宝应二年（763 年），1999 年秋于陕西蒲城县保南乡山西村的高力士墓中发掘出土，现藏蒲城县博物馆。墓志为青石质，长 113 厘米、宽 79 厘米、厚 16 厘米，正面刻有铭文 1682 字。

志署"尚书驾部员外郎知制诰潘炎奉敕撰，太中大夫将作少监翰林待诏张少悌奉敕书"。此文详述高力士一生，辞采华丽；字体楷行并茂。此志系张少悌年富力强时之作。此碑在墓中保存完好，字口清晰，是研究张少悌书法不可多得的样本。该志可补史料之阙，具有非常重要的学术研究价值。

知识链接

张少悌

张少悌是盛唐书碑名手。但在唐代，书法蔚兴，高手如云，又因为其书迹流传较少，后世对他所知甚少。目前所能知道的是他的主要活动年代是唐玄宗天宝至唐德宗贞元年间，大致与颜真卿同辈而略晚。广德元年，张少悌官太中大夫、将作少监、翰林待诏。至大历十二年（777 年），迁为守将作少监，其余依旧。

目前所知张少悌所书碑版多为行书，少量为正书，共有十四种。最早的是天宝六年（747 年）的《王四娘塔铭》（行书），最晚的是贞元元年（785 年）四月的《王仁敬碑》（楷书）。张少悌行书自王书《圣教序》直追晋法，且更具闲淡冲和的韵致，但始终没有走出王羲之的影子。由于艺术史的评价往往"重变不重常"，既然张少悌的书法没有站在变革的浪尖上，故而未被后人看重也在情理之中。

1999 年，张少悌书于广德元年（763 年）的《高力士墓志铭》与大历十二年（777 年）的《高力士神道碑》出土，他的书法重新引起人们的重视。二碑前者偏于行楷，是奉敕而作，镌刻精良，颇能传达用笔的精微之处，笔画的起止搭截十分清楚。总体上给人的感觉是平和雍容，温文尔雅，用笔洗练纯净，但同时也缺少了险势所带来的紧张和惊心动魄。后者则为行草，且更趋成熟并富有个性，有了自己的特征。它已经摆脱了拘谨而有更多性情的流露，显得更加自由。

相信随着未来出土材料的增多，我们对张少悌书法的认识和理解会更加深入。

 ## 塔铭

信奉佛教的僧尼及居士不用棺葬而用火葬，一般焚尸后即葬入骨灰塔，故随葬记录生平的刻石不称墓志而称塔铭。较著名的有唐《化度寺邕禅师塔铭》、《王居士砖塔铭》、《净业法师塔铭》、《兴圣寺尼法澄塔铭》等。

 ### 1. 欧阳询书 《化度寺邕禅师舍利塔铭》

《化度寺邕禅师舍利塔铭》，唐李百药撰文，欧阳询书，刻于唐贞观五年（631 年）。相传北宋庆历初，范雍在南山佛寺曾见到原碑，叹为至宝。寺中僧人误以为石中有宝，破石求之，不得而弃，碑断为三石。后经靖康之乱，残石碎佚。清代翁方纲根据拓片考证原石为 35 行，行 33 字。

现存宋拓本，为海内孤本。明初为王俅（孟阳）所藏。存字最多，

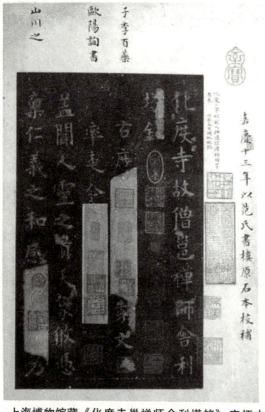

上海博物馆藏《化度寺邕禅师舍利塔铭》宋拓本首页彩影

凡930字，《全唐文》即据以录文。清代经陈伯恭、成亲王、荣郡王、沈树镛、潘祖荫等递藏。民国间潘祖荫侄女静淑嫁吴湖帆，以此为陪嫁物。后吴氏将此本与宋拓《九成宫醴泉铭》、《温彦博碑》、《皇甫诞碑》三册欧阳询书碑合装一匣，名为"四欧秘籍"，是传世最为显赫的欧书拓本之一。

册首有吴湖帆绘《勘碑图》、《化度寺碑式》。册中有翁方纲、罗振玉、吴湖帆、伯希和、沈尹默等人题跋，李鸿裔、朱孝臧、吴梅、蒋祖诒、叶恭绰等观款。册尾另装入"敦煌残本"影印件。

 2. 《王居士砖塔铭》

《王居士砖塔铭》刻于唐高宗显庆三年（658年），17行，行17字，上官灵芝撰文，敬客书。

此塔铭书后即掩埋黄土之下达900多年，直至明万历年间出土。但因用石甚薄，出土不久即损裂，始破为二，继破为三，又破为四，后碎作七，故世传佳拓极少。

该志为正书，书写人敬客，生平事迹均不可考。但此铭楷法精妙，体势俊逸，风神挺秀，深得欧、褚意法而又能自出机杼，无疑为唐楷中之佼佼者。

第四节
造像、画像、题记与建筑物刻铭

造像碑及其题记

　　造像是佛教传入中国以后开始出现的。佛教徒不仅要参拜佛像，而且将捐资造像看作祈福消灾的大功德。魏晋南北朝隋唐时期，是中国佛教空前兴盛的时代，许多重要的佛教石窟、造像都是在这一时期开凿雕刻的。依照形制，造像可以分为石雕造像（包括石窟造像、摩崖造像和单体造像等等）和造像碑两大类别。石雕造像属于古代雕刻艺术范畴，这里只介绍造像碑。

　　造像碑大多数立在石窟或寺庙内外，是佛教艺术与中国碑版和汉代画像艺术结合的产物。现存的实物，以北魏时期的最早，而以东魏—北齐和西魏—北周时期的数量最多，说明其最盛期在北朝晚期。至隋代日趋衰落，唐代仅偶有发现。在地域分布上，北方明显多于南方，多发现于今河南、陕西、山西、甘肃等省。

　　造像碑所雕刻的佛像，在题材和造型风格等方面的特征，一般近于同时期的石窟、寺庙里的单体造像艺术。但因雕刻于碑石上面，故多系高浮雕作品，且形体较小，雕琢得更加精细。碑上还常铭刻造像缘由和造像者姓名、籍贯、身份等，有时还线刻供养人像。

　　造像碑借用了中国传统石碑的形式，在形体上分长方扁体形和四面柱形两类。由于其前后和两侧面均可开龛造像，故此可以大体归纳为三种形式。一种是通碑四面雕为排列整齐的小型佛像，千篇一律，少有变化，这种形式，称为"千佛碑"或"万佛碑"。第二种则是在碑的前后两面各雕出二层或三层的佛龛，龛中雕出一佛二菩萨或一佛二弟子二菩萨，龛楣雕有飞天伎乐及天幕等。第三种形式是全碑仅雕为一龛，龛中雕一佛二菩萨，菩萨脚边雕有护法狮子。这一类造像，多在龛上层雕出供养人和供物，左右还多有文字题记等。

配合这种风气，在石刻中也出现了一种新的类型——造像题记，也就是在造像旁边附刻上造像时间、造像主姓名、所造佛像名称和发愿文。造像题记一般是在石窟建成、佛像雕造完毕以后，在石窟边缘或佛像的旁边的侧壁上雕琢出一块碑版造型的石壁，然后刻写。这种形式的造像题记出现较早，在北魏开凿的龙门石窟中多有发现。更多的是不用碑的形式，直接在石窟空白的壁面或佛像旁边摩崖刻写。

由于有些石窟造像经过历代不间断地刊刻和扩建，造像多，题记

北周造像碑，上有北周建德二年（573年）发愿文

自然也很多。这些题记的摹刻所在之处见缝插针从壁脚到窟顶，排列得密密麻麻。一般而言，造像主的身份高，开凿的洞窟就大，造像也大，题记位置就显著，篇幅也长；造像主身份低，洞窟就小，造像也小，题记位置则不固定，一般仅刻造像主姓名。后者又被称为"题榜式"造像记。北朝时期不仅有题榜式的造像记，还有题榜式的造像。比如龙门古阳洞南壁，一座座小佛龛按照棋盘格的样式纵横有序排列，旁刻佛名、造像主或供养人姓名。

造像题记中记录的造像主的姓名、官职、籍贯以及祈福缘由等内容，对于研究各个历史时期的官制、地理、民族等社会情况均有较高的参考价值。而其中所出现的各种造像题材，为我们研究不同历史时期的佛教信仰提供了有准确纪年的研究资料。

我国较著名的石窟造像群主要有山西云冈石窟、河南洛阳龙门石窟、巩县石窟、甘肃麦积山石窟、敦煌石窟、四川大足石刻、河北响堂山石刻、山

东千佛山石刻等。而造像题记则以龙门石窟中众多的造像题记最为世人称道。

龙门石窟造像及其题记

　　龙门石窟位于河南省洛阳市南郊12公里处的伊河两岸。香山和龙门山隔伊河对峙，远望犹如一座天然的门阙，古称"伊阙"。龙门山山清水秀，景色宜人，温泉增辉，自古以来就被列入洛阳八大景之冠，传说隋炀帝杨广曾登上洛阳北面的邙山，远远望见了洛阳南面的伊阙，就对他的侍从们说，这不是真龙天子的门户吗？古人为什么不在这里建都？一位大臣献媚地答道，古人并非不知，只是在等陛下您呢。隋炀帝听后龙颜大悦，就在洛阳建起了隋朝的东都城，把皇宫的正门正对伊阙，从此，伊阙便被人们习惯地称为龙门。龙门石窟就开凿于这处山水相依的峭壁间，是中国四大石窟之一（另外三大石窟为：山西云冈石窟、甘肃敦煌莫高窟和甘肃天水麦积山石窟）。

　　它始凿于北魏孝文帝由平城（今山西大同市）迁都洛阳前后。历经东魏、西魏、北齐、北周、隋、唐和北宋等朝，雕琢断断续续达400年之久，其中北魏和唐代大规模营建有140多年，因而在龙门的所有洞窟中，北魏洞窟约占30%，唐代占60%，其他朝代仅占10%。据统计，东西两山现存窟龛2345

邮票中的龙门石窟

个、佛塔 70 余座。历代开凿的主要寺窟有潜溪寺、宾阳中洞、宾阳南洞、万佛洞、莲花洞、奉先寺、古阳洞、药方洞、擂鼓台中洞、擂鼓台北洞和看经寺。龙门全山造像 11 万余尊，最大的佛像卢舍那大佛，通高 17.14 米，头高 4 米，耳长 1.9 米；最小的佛像在莲花洞中，每个只有 2 厘米，称为微雕。

龙门石窟是佛教文化的艺术表现，但它也折射出当时的政治、经济以及文化时尚。石窟中保留着大量的宗教、美术、建筑、书法、音乐、服饰、医药等方面的实物资料，因此，它是一座大型石刻艺术博物馆。

1961 年即被国务院公布为全国第一批重点文物保护单位；1982 年被国务院公布为全国第一批国家级风景名胜区；2000 年 11 月 30 日，联合国教科文组织将龙门石窟列入《世界文化遗产名录》。

龙门石窟也是中国佛教造像题记保存最多的一处，共有各时期佛教造像题记 2860 多块，数量居中国各大石窟之首。其中著名的《龙门二十品》是魏碑书法精华，唐代著名书法家褚遂良所书的"伊阙佛龛之碑"则是初唐楷书艺术的典范。这些石刻都堪称中国书法艺术的上乘之作。

所谓《龙门二十品》，是后代碑拓鉴赏家从龙门石窟众多的石刻造像题记中精选出来的二十种造像题记的总称，最早见于清代康有为所著的《广艺舟双楫》和方若所著的《校碑随笔》。这些碑刻不仅记录了发愿人造像的动机、目的，还为石窟考古分期断代提供了依据。在书法上，它们在汉隶和晋楷的基础上发展演化，从而形成了端庄大方、刚健质朴，既兼隶书格调，又孕楷书因素的独特风格，是北魏时期书法艺术的精华之作、"魏碑"体的代表，上承汉隶，下开唐楷，兼有隶楷两体之神韵。

"二十品"中有十九品在古阳洞，一品在慈香窟，名称分别是：《比丘慧成为亡父始平公造像记》、《长乐王丘穆陵亮夫人尉迟为亡息牛橛造像记》、《步辇郎张元祖妻一弗为亡夫造像记》、《北海王元详造像记》、《司马解伯达造像记》、《云阳伯郑长猷为亡父等造像记》、《新城县功曹孙秋生二百人等造像记》、《邑主高树和维那解伯都卅二人等造像记》、《比丘惠感为亡父母造像记》、《广川王祖母太妃侯为亡夫广川王贺兰汗造像记》、《邑主马振拜和维那张子成卅四人为皇帝造像记》、《广川王祖母太妃侯为幼孙造像记》、《比丘法生为孝文皇帝并北海王母子造像记》、《北海王国太妃高为亡孙保造像记》、《比丘道匠为师僧父母造像记》、《辅国将军杨大眼为孝文皇帝造像记》、《陆浑县功曹魏灵藏造像记》、《安定王元燮为亡祖亡考亡姓造像记》、《齐郡王元佑造像记》、《比丘尼慈香、慧政造像记》。

　　其中《杨大眼造像记》、《始平公造像记》、《孙秋生造像记》、《魏灵藏造像记》由于字数较多、书法最精，被合称为"龙门四品"。

 ## 1.　《杨大眼造像记》

　　《杨大眼造像记》，简称《杨大眼》，是龙门石窟北魏时期造像记中书法艺术价值最高的作品之一。

　　造像主杨大眼是北魏名将，南朝人形容他的眼大得像车轮，《魏书》上说他"少有胆气，跳走如飞"，骁勇善战。孝文帝时，迁为统军。宣武帝初年他奉命南伐，连拔五城，追奔至汉水，斩南朝辅国将军王花，首虏 2000 余，因

杨大眼造像龛，右侧为《造像记》

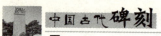

功封安成县开国子，食邑三百户，任直阁将军，不久又加辅国将军、游击将军、平东将军。当他凯旋，经伊阙时发愿开龛，时当在正始三年夏秋之际。造像龛位于古阳洞北壁第二层，大龛东起第三龛，右邻魏灵藏造像龛。龛大且内容丰富，雕刻富丽华美，是古阳洞中的精品。

造像龛高253厘米，宽142厘米。尖拱形，龛楣中心刻庑殿顶殿堂，正脊中心为金翅鸟，殿内释迦牟尼佛端坐。佛殿下二龙盘绕，二龙外侧二仙人分骑象、虎而行。龛内释迦牟尼结跏趺坐，禅定印，两侧菩萨侍立。三尊雕像皆饰火焰纹背光。造像记在龛右侧，高126厘米，宽42厘米，盘龙首，长方座，正面刻五个小龛，圭形碑额上刻"邑子像"三字，所刻文字歌颂北魏将领杨大眼军功显赫的一生。

《杨大眼造像记》即属于脱尽隶法、斜画紧结的典型邙山体。其特点是结体庄重稳健，中宫紧收，四面辐射；笔势雄奇，点画轻重对比明显，受刀意影响显著，形成块面元素；而用笔特点，则圭角尽露，沉厚恣肆，提按顿挫明显，即所谓"方峻"。

 2. 《始平公造像记》

《始平公造像记》在古阳洞北壁。魏孝文帝（元宏）太和二十二年（498年）九月十四日造讫。题记由孟达撰文，朱义章楷书。共10行，每行20字。此碑与其他诸碑不同之处是全碑用阳文雕刻，而且有横峰笔直的棋子方，为历代石刻所仅见。记文内容寄造像者宗教情怀，兼为往生者求福除灾。

此碑用笔方折峻整、棱角分明，笔画折处重顿方勒，结体扁方紧密，点画厚重饱满，锋芒毕露，宽厚肥壮而不呆板，显得雄峻非凡。起笔处折锋顿笔，收笔处顿笔藏锋，笔力浑厚。结字伸缩有变，字势风骨凛凛，一派魁伟雄姿。它一反南朝靡弱的书风，开创北碑方笔的典型，被推为魏碑方笔刚健风格的代表，以阳刚之美称誉后世。

该刻清乾隆年间始被黄易（1744—1801年）发现，受到书坛重视。其书法艺术在"二十品"中被列为第一珍品。更被人看作方笔魏碑的极致。

 3. 《孙秋生造像记》

《孙秋生造像记》在古阳洞南壁自窟口向内第3龛，龛高254厘米，宽

150厘米，深65厘米，造一佛二菩萨。在龛的右侧刊刻造像记，高153厘米，宽50厘米，蟠龙螭首，方形碑座上有3个后刻的小坐佛龛，造像碑文可分为3部分，自上而下，第一部分，额题；第二部分，发愿文13行，行9字；第三部分，题名15行，行30字，共刻人名139人。在题名的末尾，最后一行刻日期，为北魏宣武帝景明三年（502年）五月廿七日刻毕。

《孙秋生造像记》由孟广达撰文，萧显庆书，为六朝碑刻中为数不多的刻有书家署名者。但书家情况不详，或为地位低下的工匠或民间经书写手。但此记书法是龙门造像记中的佼佼者，与《孙秋生造像记》风格接近，书风沉着劲重。全篇用笔方正遒劲，朴厚古拙，峭拔劲挺；力量外拓；章法处理上行列也较为整齐，显得纵有行而横有列，虽字字独立，但笔法多变，但并无刻板之感。

 ## 4. 《魏灵藏造像记》

《魏灵藏造像记》在古阳洞北壁，无年月，无撰书人姓名。额楷书题"魏灵藏"，额左题"薛法绍"，中间一行"释迦牟尼像"字略大于两侧。全记10行，行23字。根据乾隆初拓本判断，共应215字。民国十年凿损百余字。北魏造像每用别体字，此记尤多。

记文楷书，书法酷似《杨大眼》，疑出于一人。此碑是方笔露锋之典型代表，最显见用笔之妙。笔画锋颖外露，角棱若刀，结体扁方紧密，点画厚重饱满，显得雄峻非凡，端庄隽洁。起笔都将锋颖露在画外，有的角棱若刀，有的细锋引入，煞有情趣；即使画也挺直有力，折笔显见方棱；收笔处，有时敛毫便止，有时放锋犀利。笔画或大或小，大者纵矛横戈，如虎奔龙吟，小者轻微一点，如蜻蜓掠水，皆能顺势合情，绝无率意轻发。结体或取横势，或取纵势，皆极意显示雄踞盘关之威仪，怀隐瑰玉之神采。整篇看来，严整肃穆，端庄隽洁。

除了"四品"的说法，依据辑录者眼光不同，另有合称为"十品"者，但历来所选不一。

一种说法为"四品"与"二十品"中《慈香》、《道匠》、《牛橛》、《高树》、《元燮》、《太妃侯》六品合称。

另一种说法为在"四品"之外选"二十品"中《一弗》、《解伯达》、《郑长猷》、《惠感》、《高树》、《法生》、《太妃侯》、《元燮》、《道匠》、《马振拜》十种。

《龙门二十品》代表了魏碑体，是龙门石窟碑刻书法艺术的精华，历来为世人所推崇。不同时期书家还在"二十品"之外，辑录有拓片"三十品"、"五百品"，乃至"龙门会山"等等。

 ## 画像碑及其题记

《道德寺碑》

画像碑是指碑上刻有山水、人物、花鸟等形象、地图以及景观的平面图或示意图等图像的碑刻。这种类型的碑刻到唐代以后才出现。主要是由于社会的发展，一些特定信息需要有更加可靠、便于传播，同时又能长期保存的传播形式。由于其坚固耐损，材料易得，制作工艺简单成熟，碑刻就成了很好的载体。

1. 人物画碑刻

人物画碑刻，所见最早的是唐代的《道因法师碑》、《道德寺碑》和元代的《大开元寺兴致碑》。

（1）《道因法师碑》。

《道因法师碑》全名为《大唐故翻经在德益州多宝寺道因法师碑》，唐龙朔三年（663年）镌立，现存陕西西安碑林。碑主道因法师曾在慈恩寺帮助玄奘翻译佛经。

此碑碑文为欧阳通书写，也是欧阳通的代表佳作。欧阳通楷书虽出于父，但却写得更瘦硬，更劲挺，特别是主笔横画在收笔时末锋飞起，富有浓重的隶意，这在此碑帖中多有体现。此碑书法笔力遒健，险峻瘦怯，但锋芒棱角太露。

更重要的是此碑的两侧有浮雕花卉图案，趺座两侧线刻两组人物，都是高鼻深目、头发卷曲的西域人形象。人物有的穿靴，有的赤脚，似乎身份有所不同。

（2）《道德寺碑》。

《道德寺碑》全称《大唐京师道德寺故禅师大法师之碑》，唐显庆三年（658年）刻，到范书。螭首方座，高230厘米，宽94厘米。文37行，行67字，楷书。该碑系尼姑十善为其师母、道德寺主持善惠和玄懿二人所立。碑文内容记述善惠和玄懿二人的宗教活动情况和事迹。到范为初唐书法家，其字颇似欧体。碑阴上部浮雕三佛二菩萨及二护法天王，中部浮雕莲花及护法狮子，下部线刻善惠和玄懿及其弟子的画像。碑原立于唐长安城道德寺内。1950年出土于西安市西郊梁家庄，遂移入西安碑林。

（3）《大开元寺兴致碑》。

《大开元寺兴致碑》刻于元延祐六年（1319年），碑为圆首方座，高1.64米，宽0.55米，圆形碑额的顶端刻有神人、仙草、瑞兽等图像，两边刻有缠枝牡丹，中间篆刻"大开元寺兴致"6个大字。碑身正面分两段，上段刻图画，为唐玄宗与胜光法师辩论佛恩德的场面。玄宗与胜光对坐，玄宗一边有4名侍者，胜光一边有4名沙弥，代表政、教两方面。下段刻文字，是玄宗与胜光辩论佛德的内容。

碑文楷书，原文书写者为金代僧人澄润，书写时间为金宣宗贞祐四年（1216年）。

传说唐开元二十八年（740年）正月二十八，玄宗皇帝与著名的胜光法师曾在延庆殿进行过一场有关佛恩德的辩论。在听了胜光法师的弘论后，玄宗皇帝被说服，并说："自今以后，誓为佛之弟子，可于天下州府各置开元寺一所，表朕归佛之本意。"这也是开元寺兴建的由来。

 2. 山水画碑刻

山水画碑中最著名的要数清代的《关中八景诗图碑》。

所谓"关中八景"，指的是八处关中地区著名的文物风景胜地，又名长安八景。分别为：华岳仙掌、骊山晚照、灞柳风雪、曲江流饮、雁塔晨钟、咸阳古渡、草堂烟雾、太白积雪。清康熙十九年（1680年），朱集义用诗和画的形式描述了这八处胜景，并制成碑刻保存至今。

此碑碑阳有冯绣的篆额"关中八景"。下共分八段，每段左右分刻，成十六格。单层左诗右图，双层左图右诗。刻字者为高君诏，刻画者为杨玉璞。每首诗末还配有简短的说明性文字，介绍景观历史。碑阳最下端为周王褒的楷书题跋。碑阴刻松鹤图。

此碑山水画用线刻，品位上乘，刀工娴熟，线条流畅。

3. 花鸟画碑刻

花鸟画碑中有代表性的有宋文与可的《文同画竹碑》和清慈禧太后的《平安富贵图碑》。

（1）《文同画竹碑》。

《文同画竹碑》现保存在安徽马鞍山采石矶碑廊中。碑版上线刻文同所画之竹。由于文同本人留下的画作极少，更重要的是他虽然以画竹闻名，但自己却并不看重，所以流传更少。因此这通石碑所刻的竹画极为珍贵。

《关中八景诗图碑》全拓

知识链接

"胸有成竹"的典故

宋代画家文同（1018—1079 年），字与可，四川省梓潼县人。他是苏轼的表兄，曾任洋州（今陕西洋县）知州。

文同以善画竹著称。他对竹子有深入细致的观察，法度谨严。他画竹叶，创浓墨为面、淡墨为背之法，形成墨竹一派，有"墨竹大师"之称。又因为他主张胸有成竹而后动笔，故苏轼在《文与可画筼筜谷偃竹记》中说他主张："画竹，必先得成竹于胸中。"也就是从这篇文章中，衍生出了"胸有成竹"这个成语。

（2）《平安富贵图碑》。

慈禧太后御笔《平安富贵图碑》刻于清光绪十六年（1890 年）。整幅作品上半为书法篆刻，包括最上方居中阴刻的"慈禧皇太后御笔之宝"玺印，下为"平安富贵"四个大字楷书，下接三方印鉴。下半为诗歌图画，包括一幅梅瓶牡丹如意图（"瓶"谐"平"音）中安插牡丹花（寓"富贵"意），瓶边斜放一只如意；右侧小字题诗一首。全碑图文并茂，结构精巧。

 4. 景观图碑刻

景观图碑刻的代表有华山西岳庙中保存的《太华全图碑》和《敕建西岳庙全图碑》。

（1）《太华全图碑》。

《太华全图碑》在灏灵殿月台下右侧，康熙三十九（1700 年）制，通高1.85 米，碑高 1.4 米，宽 0.7 米，碑座束腰长方形，无碑首，碑面石质光油细致，雕刻精细。碑面阴线刻绘的华山诸景，并注有各峰景点名称。全碑所刻景点位置准确，名称清楚，层次分明，错落有致。

（2）《敕建西岳庙全图碑》。

《敕建西岳庙全图碑》在灏灵殿月台下右侧，居《太华全图碑》左，长2米，宽0.85米，此碑将西岳庙的整个布局、殿堂楼阁的名称，形式及开间大小、门窗斗拱都非常详细地刻画在图中，为研究西岳庙的古建布局及复原工作提供了极其珍贵的资料，从此图与文献记载对照，此碑当为乾隆四十四年（1779年）陕西巡抚毕沅重修西岳庙时所刻。惜在20世纪70年代初因汽车倒车不小心将此碑撞倒，折为两段，现已复制，树立其旁。

5. 地图碑刻

地图碑可以南宋《平江图碑》和《地理图碑》为代表。

《平江图碑》

（1）《平江图碑》。

《平江图碑》是南宋理宗绍定二年（1229）郡守李寿朋重整坊市后所刻的平江府城平面图碑，原存苏州府文庙，后藏苏州市博物馆。它是现存最古的苏州城图，也是流传下来的宋代城市图中最详密的一幅，同时还是我国现存最早、最完整的城市平面图。因该碑中部模糊不清，1917年曾被深刻过。1961年国务院公布为全国重点文物保护单位。

该碑高2.76米，宽1.415米，平江图边框高2.03米，宽1.39米，顶上正中有碑额"平江图"三字。四边分题东、西、南、北四字，以北为上。

苏州在唐代就是江南的大城市，建有60里坊，390座桥，以都市繁华、河网纵横著称。南宋建炎四年（1130），金军夷平坊市。绍兴以后陆续修复。此图所反映的就是经李寿朋整修后的情况。城北居住区小巷横列，除有河道外，与元、明北京的胡同极相似，跨街建坊也与明清城市相同。因此，它是研究里坊制度废除后宋代城市规划新发展的重要史料之一，图中所示的子城府衙也是了解宋代衙城形制的珍贵史料。图中所绘玄妙观三清殿、报恩寺塔、罗汉院双塔、瑞光塔等至今尚存。

（2）《地理图碑》。

《地理图》是南宋黄裳作的中国全国性地图，淳祐七年（1247年）由王致远在苏州按原图刻石成碑。它与现存西安的《华夷图》和《禹迹图》是现存我国最古老的三幅全国性地图。碑亦分上图下文两部分，详细刻画出山脉、河流、湖海、森林、长城及各级行政机构路、府、军、州的地理位置，并将地名用"题榜"标明，极其醒目。与我国现在的地图相对照，除海岸线出入较大，边境地区地方标志模糊，黄河、长江的发源地不清楚外，其余基本相符。下部释文共645字，大致记述了自夏禹到南宋的历代版图变迁情况。左下角沿有刻工王致远的47字题跋。

石阙

阙本来是中国古建筑中的一种特殊的类型。这种建筑物是在重要建筑的大门之外建两个对称的台子，在台子上建楼观，上圆下方，因其两台子之间阙然为道，所以称为阙。因为在阙楼上可以观望，所以又称之为观。又因在阙上悬挂法典，所以又被称为"象魏"。阙一般有台基、阙身、屋顶三部分。

汉阙的建筑形式，从现存实物和古代画像石、画像砖、壁画中可以看出有单阙对立的，也有带子阙的。还有直接把两山对峙之处称之为阙的。

按阙所在的位置，有宫阙、祠庙阙、陵墓阙、城阙、国门阙等不同类型。其中祠庙阙与陵墓阙不仅有大量实物传世，而且保存着大量铭文图案。

宫阙位于帝王之居宫门前面，因此古时也经常把阙作为帝王宫廷的代表。自汉魏以后，宫阙逐渐与皇宫大门相结合，成为一个整体了。这种将双阙两观与宫殿宫门相结合的形式，我们从唐宋以来的绘画和遗址中常常可以看到。现在保存唯一的一处宫阙实物就是北京故宫午门两旁的东、西雁翅楼。它们与午门相结合，构成为凹形的平面，把两观形式与门组合在一起。我们如果把两座雁翅楼与午门分开，还可以重现汉以前两观的形式。现在的午门又称五凤楼，但是在正门两旁的侧门上，还特意加上了阙左门和阙右门的名字，以保存原来宫阙的遗意。

祠庙阙位于大型的祠堂、庙宇的大门左右，现存实物有著名的嵩山三阙。

 1. 嵩山三阙

嵩山三阙位于河南省登封县嵩山之麓，是太室庙阙、少室庙阙和启母庙阙的合称，为公元 2 世纪初东汉时期所建。三阙均为石制，阙身上有汉代隶书题记和各种人物、车马、动植物、建筑物的雕刻，是研究汉代社会生活、风俗习惯和书法艺术的珍贵资料。

太室庙阙位于嵩山太室山前中岳庙南约 1 里处，分东西二阙，以条石及块石砌成。有两段隶书铭文，行间均有直向界格。阙身其余石面均满雕各种姿态生动的人物、车马、动植物等图案，为研究汉代绘画及社会风习的珍贵实物资料。《太室石阙铭》的隶书圆润古朴，兼有篆意，为传世西汉碑铭之上乘。

启母庙阙

少室庙阙在登封县城西 6 公里少室山下邢家铺村西，为少室阿姨庙神道阙，东汉安帝延光二年（123 年）颍川太守朱宠所建。形制与太室阙相仿。《少室石阙铭》刻于西阙南面，为篆书，存字 20 行，行存 4 字。西阙北面上部有双勾阴文篆书题额"少室神道之阙"6 字。东阙北面另有隶书题名四行，无年月，阙身其他石面亦如太室阙满刻艺术价值甚高之汉画像，因年深日久，剥蚀较重，尚可看出有赛马、踢球、射猎、斗鸡、角力及与兽相逐等图案。《少室石阙铭》的篆书宽博朴厚，气象恢弘，有大家之风。

启母庙阙位于登封城东北 3 公里万岁峰之启母庙前。这里有著名的古迹启母石。启母庙据说建于汉武帝时，武帝为避其父景帝讳，改名开母庙。启母庙阙亦为东汉延光二年颍川太守朱宠所建。阙铭无额，文篆书35行，前11行，行7字，后24行，行12字，铭文内容为颂扬夏禹治水以及启母的事迹。《启母庙石阙铭》下方，另有东汉灵帝熹平三年（174年）中郎将堂溪典《嵩山请雨铭》，隶书，17行，行5字，字多剥蚀。阙身有汉画像，与铭文书法交相辉映。《启母庙石阙铭》的篆书，较《少室石阙铭》为严谨，比李斯诸刻方紧，而秦篆浑朴茂美之气，尚依稀可见。

知识链接

夏启出生的故事

大禹治水时，他的妻子涂山氏也来到嵩山，给他缝衣做饭。大禹为了尽快凿开山间通道，就变了一只大熊，在山间来来往往，开山凿石，忙碌不停。为了避免惊吓妻子，他就告诉她说："你听见我的击鼓声再来送饭。"

一天，大禹一不小心，竟把一块石头踢落崖下，恰好击在鼓上，涂山氏听到鼓声，急忙把饭送去。可是她竟看见一只大熊在山间跳跃治水。她心中一惊，羞惭之下便向山下跑去。跑了一阵，涂山氏跑不动了，化成了一座巨石。大禹见此情景，大呼："还我孩子！"只听一声巨响，石头破开，生下一个男孩，因此取名叫"启"。

陵墓阙是现存汉阙中保存得最多的类型。它们均位于陵墓之前，两相对称，中阙为道，为陵墓神道的入口大门。现存者均为石制，故能保存近两千年未毁。著名的陵墓阙有四川渠县冯焕阙、沈府君阙，绵阳平阳府君阙，梓桐李业阙以及山东嘉祥武氏祠阙，平邑皇圣卿阙等等十数处。这些阙均为公元一二世纪遗物，不仅是研究汉代建筑而且也是研究汉代社会生活和书法、雕刻艺术的重要实物。

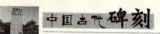

2. 冯焕阙

冯焕阙位于四川省达州市渠县北土溪赵家坪。据《汉书》记载：冯焕，东汉安帝时人，为幽州刺史，延光元年（121年），被诬下狱，事虽辨明，已病死狱中，安帝"赐钱十万，以子为郎中。"

冯焕阙为双体，东西各一，目前仅存东阙，高4.38米，由阙基、阙身、枋子层、介石、斗拱层、阙顶6个部分组成，是一座完整的仿木结构建筑。

阙身由青砂石做成，由三层大石叠成：一层，雕刻着纵横相交的仿子；二层为介石，较薄，四面平直，上面布满浅浮雕方胜纹图案；三层石块向外飞斜，呈倒梯形，两侧为曲拱，富有强烈的装饰美。拱眼壁上，正面青龙，背面玄武，刻画细腻，刀法娴熟。顶部仿双层檐，庑殿式，筒瓦，瓦纹草叶。

阙身正面铭文下刻一饕餮，铭文为"故尚书侍郎河南京令豫州幽州刺史冯使君神道"，大约建于建光元年或后一年。

冯焕阙风格稳重朴素，雕刻精致简练，造型生动优雅，独具一格，显示了汉代高超的建筑艺术，是中国建筑艺术史上的珍品。

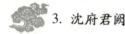
3. 沈府君阙

沈府君阙位于四川渠县城北34公里的水口乡汉亭村燕家场，是汉阙中唯一的双阙幸存者。约建于东汉延光年间（122—125年），但其子阙已经毁废。左、右阙形制相同，由台基、阙身、楼部及屋顶4部分构成，两阙东西相距21.62米，阙高4.84米。

台基，石一层，无刻饰。阙身为独石，略有收分，四角各刻1柱。两阙内侧分刻青龙、白虎。东阙青龙浮雕，利吻紧咬玉环下之绶带，挣扎上仰，奋欲腾云。西阙白虎浮雕，隆准短身，四足五爪，尾长而刚健，口亦紧咬玉环绶带，跃跃欲奔。正面居中刻展翅朱雀、铭文及铺首，左阙铭文："汉谒者北屯司马左都侯沈府君神道"，右阙铭文："汉新丰令交都尉沈府君神道"。楼部石2层，第一层刻栌斗、纵横枋及铺首，四隅雕角神；第二层下段减地平西王母、三足鸟、蟾蜍、玉兔及求仙药的使者等；上段呈上大下小的斗形，1周斗6朵，正、背面作身弯曲的曲，侧面身很长，斗下浮雕仙女乘鹿、玉兔捣药、射猴及董永侍父图等。屋顶部均存石1层，作重檐庑殿式。正、背面出檐 56 厘米，侧面出檐 62 厘米，刻出椽子、连檐、瓦当、瓦垅；其上脊饰已失去。此阙建筑构件刻得略显粗糙，两阙斗多不对称，装饰雕刻都很精美。

阙周遍布反映汉代社会生产、生活的人物、动物和作物的浮雕，如独轮车、农商贸易、猎射、戏兔以及牛、羊、马诸畜和果树、水草等等。西阙铭文"汉新丰令交趾都尉沈府君神道。"其书法独匠，乃汉隶之佳品，其中之"沈"字肆意运笔之飘逸淋漓，为世罕见。

两千年来，世人纷纷前往观摩，其拓片流诸海外。沈府君阙，造型古朴，雕刻精巧，状物逼真，形态生动，不仅是造型艺术中的又一珍品，而且是研究汉代生产、生活、建筑、交通工具及书法、雕塑、绘画艺术难得的实物资料。

沈府君阙

中华人民共和国建立后建亭保护，20 世纪 80 年代初国家拨专款修建围墙，并由专人看管。

 4. 武氏祠阙

武氏祠位于嘉祥县纸纺镇武宅山村北，为汉代祠堂和墓地，始建于东汉桓、灵时期。武梁祠为单间歇山式，全石结构，现存石阙、石狮各一对，石碑两块，祠堂石刻构件四组 40 余石。其石刻画像，内容丰富，雕制精巧，取材广泛，从各个不同的角度反映了东汉时期的社会状况、风土人情、典章制度、宗教信仰等，是中国最大、保存最完整的汉碑、汉画像石群。

石阙为双阙对称，间距 4.15 米，由基座、阙身、栌斗、阙顶组成。重檐平伸，顶刻四坡瓦垄，傍依单檐子阙，通高 4.30 米，基座各宽 2.58 米，厚

1.4 米，通体刻画像及花边纹饰。两阙身正面有建和元年（147 年）题铭 90 余字，记有立阙人武始公暨弟绥宗、景兴、开明及营造工匠姓名。

石阙画像与祠内其他画像一样，运用了减地平雕加阴线刻的手法，由良匠卫改雕文刻画而成。画面图像丰富、布局严谨、雕琢精湛、风格凝重沉稳，堪称汉画像石的典范和集大成者。

新中国成立后，为加强这批珍贵文物的保护和管理，在此专设文物保管所。1964 年将处于深坑中的石阙、石狮，按原位置提升到现在的地坪以上，并建立了宽敞的保护室。

陵墓阙自汉唐以后也有所改变，已逐渐从一般墓道中消失。陕西西安附近汉唐陵墓的陵门前双阙尚有遗址可寻，尤以唐高宗武则天合葬墓神道前的双阙遗址最为显著，借双峰以为阙址，气势更为雄伟。

除了以上几种形式的阙以外，古时候还常常在城门的两旁建立双阙，以为守望，称作城阙。此外还有"国门之阙"的提法，但一般认为这只是一种想象，并无实物。近年来在辽宁绥中海边，发现了秦始皇行宫遗址前大海中的一对峙立礁石，俗称之为海门，可能秦始皇当时巡视海疆时，曾把它当做过国门阙。

 ## 经幢

幢原是中国古代仪仗中的旌幡，是在竿上加丝织物做成，又称幢幡。由于佛教的传入，特别是唐代中期密宗的传入，僧众开始将佛经或佛像书写在丝织的幢幡上。后来为保持经久不毁，改成刻在石柱上，因刻的主要是《陀罗尼经》，因此称为经幢。自此，经幢成为一种带有宣传性和纪念性的艺术建筑。

唐宋以来，建幢之风盛行，其中尤以五代两宋时最多。一般安置在通衢大道、寺院等地，也有安放在墓道、墓中、墓旁的。有为建立功德而镌造的陀罗尼经幢，也有为纪念高僧而建的墓幢。

经幢多为石质，也有少量为铁铸。一般由幢顶、幢身和基座三部分组成，主体是幢身，有二层、三层、四层、六层之分，刻有密宗的陀罗尼经文。一般最常见以《佛顶尊胜陀罗尼经》为最多，其次为《白伞盖陀罗尼》、《大悲心陀罗尼》、《大随求即得大自在陀罗尼》、《大吉祥大兴一切顺陀罗尼》，此

外也有刻《金刚经》、《般若心经》、《弥勒上生经》、《父母恩重经》等。基座和幢顶则雕饰花卉、云纹以及佛、菩萨像。整体多呈六角或八角形，以八角形为最多，另有少数为圆柱形。此外还有直接刻在石壁或建筑物内壁上的。

历代重要的经幢有：

1. 五台山佛光寺经幢

佛光寺有两座唐代经幢，一座建于唐大中十一年（857年），立于佛殿阶前的中线上，高3.24米。另一座建于唐乾符四年（877年），在山门和文殊殿之前，高4.9米。均为八角形须弥座，上刻陀罗尼经及立幢人姓名。幢身之上有狼角形宝盖，表面携流苏，八角出狮头。山蕉叶之内是覆钵，其上有仰莲覆宝珠，刻工极为精好。

2. 河北赵州陀罗尼经幢

建于北宋景佑五年（1038年），高约18米，是我国现存石经幢中最高的一座。河北卢龙有一座金代经幢，重建于金代大定九年（1169年）。幢呈八角形，7层，高10米。柱身浮雕云龙，柱头饰仰莲、石狮，第七层盘盖上雕八条巨龙，上为仰钵承托球形幢顶，雕刻极为精美，为罕见石雕杰作。南翔寺经幢，建于唐咸通年间，北宋重修，元代重镌尊胜陀罗尼经文。高8米许，上刻有莲瓣、如意纹、力士、天王等，幢身六面，镌刻陀罗尼经文全文。

河北赵州陀罗尼经幢

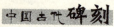

3. 上海松江唐经幢

建于唐大中十三年（859年）现存21级，高9.3米，幢身八面，刻尊胜陀罗尼经全文。相传造此幢有二说，一为此处是"海眼"，造幢镇之；二谓每年秋天官府在此行刑，信佛者造幢超度亡灵。全幢高大美观，尚具盛唐风格。

4. 无锡惠山唐宋经幢

江苏无锡慧山寺山门前，北为唐乾符三年（876年）陀罗尼经幢，南为北宋熙宁三年（1070年）建的普利院大白伞盖神咒幢。两幢形式大小基本相同，上刻"佛顶尊胜陀罗尼经并序"。由上至下有栏杆、仰莲、坐佛、狮子、云纹等，雕刻华丽，造型优美。

5. 杭州凤凰山梵天寺经幢

位于浙江杭州凤凰山麓，建于唐乾德三年（965年）；共两座，高15.67米，为浙江现存最高的一对经幢。书刻经文精美，华盖按腰檐形式制作，十分别致。

6. 浙江海宁安国寺经幢

在浙江海宁盐关镇西北隅，共有三座经幢，分别建于唐会昌二年（842年）、四年（844年）和咸通六年（865年）。幢为石制，刻有《佛顶尊胜陀罗尼经》，其咸通六年幢高7米，腰檐仿木构建筑，是现存发现最早的石构仿木制法古经幢，幢座还有精湛的佛教故事浮雕。

7. 福建漳州经幢

唐咸通四年（863年）所建。幢为石雕，高1.83米，幢身镌刻《佛顶尊胜陀罗尼经》全文，书法遒劲，有晋人风韵，明顾炎武评为天下经幢第一。

8. 湖南常德铁经幢

建于宋代的湖南常德铁经幢，原在德山山麓，位于乾明寺左侧。经幢建在 1.42 米高的石座上，幢身用白口铁铸成，高 4 余米，重约 1.5 吨，幢身铸刻《般若波罗蜜多心经》，基座部分铸有佛像、金刚力士、莲花等纹饰。此种由生铁铸成、仿木结构的经幢，在我国现存经幢中很少见。

9. 云南大理国经幢

在云南昆明，建于大理国时期，具体年代不详。又名"地藏寺石幢"或"梵文经幢"。经幢为石质，七层八菱形，高约 8.30 米。其第一层刻《尊胜宝幢记》及梵文《心经》、《发四宏愿》等，第二层刻四大天王及梵文《陀罗尼经》，第三层以上雕刻佛像、菩萨、天王及楼宇、飞禽等。经幢造型优美，形象毕肖传神，是滇中艺术珍品。

10. 《居庸关云台六体文字石刻》

《居庸关云台六体文字石刻》，在北京昌平居庸关云台券洞内，元至正五年（1345 年）九月元顺帝敕旨刊刻。券洞边上雕刻各种花草图案，洞内东西两壁刻有四大天王，并有梵、藏、八思巴、回鹘、西夏、汉文 6 种合刻的文字。其中除梵文外，其余 5 种文字均分大小字，梵文与 5 种大字为陀罗尼经，分别是《佛顶放无垢光明入普门观察一切如来心陀罗尼》咒文与《佛顶尊胜陀罗尼》咒文；小字为建塔功德记。其中梵文和藏文为横刻，其他四种文字竖刻。

这处石刻是现存稀有的精致的元代雕刻艺术杰作；同时，这六种文字石刻更是有着重要的语言学、文字学、文献学和书法艺术价值。

 其他建筑物刻铭

除以上三种形式的建筑刻铭以外，带有铭刻的建筑物还有界至、桥、柱、井栏等。

（1）界至。一般用来记某些建筑或地产的"四至"，盖始于汉代，也称"界碑"、"界至碑"、"四至碑"，佛寺则曰"界相碑"。如唐《丰乐寺大界相碑》，北宋《栖岩寺四至记》，南宋《常熟县经界记》等。

（2）桥。江浙地区一些宋元时期建造的石桥都刻有当时的年号，这一风

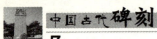

俗到明清更为盛行。

（3）柱。唐宋寺观之石柱或柱础上有时刻有文字。其中保存至今、最早的是河南安阳出土的凿孔之方石，刻有"赵建武四年造泰武殿前猨戏绞柱石孔"字样。

（4）井栏。江浙地区宋代以后的井栏多刻有年号。最古老的则是南朝梁天监十五年（516 年）茅山道士所作的井栏。

此外还有一些石质器物刻石，这里就不做过多介绍了。

碑刻在内容上的分类

碑刻在内容上的分类形式多样，墓碑是陵墓之前标示性的碑刻，功德碑是记功载德或颂扬政绩的碑，还有脍炙人口的无字碑等。根据内容的不同，相对应的碑刻也体现着不同的深远意义。下面分别加以介绍。

第一节
墓碑、神道碑与祠庙碑

墓碑、神道碑与祠庙碑是中国历代碑刻中数量最庞大的一种。

 **墓碑**

墓碑就是陵墓之前标志性的碑刻。在汉代以前，其主要内容是镌刻墓主人的身份和姓名。汉代著名的墓碑有《袁安碑》、《孟孝琚碑》、《景君碑》、《郑固碑》、《孔宙碑》、《夏承碑》、《鲁峻碑》、《尹宙碑》等。下面择要介绍。

 1. 《袁安碑》

《袁安碑》全称《汉司徒袁安碑》。东汉永元四年（公元 92 年）立。原石出土地点不详，1929 年在河南偃师县城南辛家村发现，现藏河南省博物馆。碑高 1.53 米，宽约 0.74 米。篆书，共 10 行，满行 16 字，第 8、10 两行不满。下截残损，每行各缺 1 字，现存行 15 字，共计 139 字。碑中间有穿，位置较低。碑文内容记袁安一生仕历，与《后汉书·袁安传》记载大致相同。碑上无撰书人姓名。碑侧有明万历二十六年题字。

碑发现较晚，锋颖如新，书法浑厚古茂，

《袁安碑》局部

雄朴多姿；字体结构宽博流畅，笔画较瘦，是汉代篆书的典型代表。

2. 《景君碑》

《景君碑》全称《汉益州太守北海相景君铭》，又名《北海相景君碑》。东汉汉安二年（143年）立，形制比较完整，有额，下面有座，有碑穿，是形制完整的最早的一块汉碑。高288厘米，宽105.6厘米。碑阳篆额"汉益州太守北海相景君铭"2行12字；碑文17行，行23字，共561字；碑阴有隶书立石人54人题名，包括官职、住址和姓名。存山东济宁。碑文记景君殁后，门下属史慕其德而为之树碑之事。

景君名遽，是汉功臣景丹的第五代族（从）孙，北海任城（今山东济宁）人。曾任河北大名县司农，益州太守，北海（今昌乐县西）相。汉安二年秋病逝。

碑字隶书结字多取扁形，此碑一反常态，结体均呈稍长方形，结体宽博，笔画平直方劲，通篇显得紧密稳实，没有疏松纤弱的感觉。该碑的书法结构淳古、风神飘逸，属于隶书中的佳品。在线条的表达上，多参篆籀之意，尤其是竖画，多为悬针，以平直方劲的笔法，使有凌厉万钧之气势。代表了从篆到隶过渡的书体，对于人们研究书法艺术、研究汉字的演变规律，有着重要的意义。可以说该碑开启了初唐欧阳询楷书结构偏长的先河。

3. 《孔宙碑》

《孔宙碑》全称《汉泰山都尉孔宙碑》。汉延熹七年（164年）立。有穿。额篆书（阳文）"有汉泰山都尉孔君之碑"2行10字。碑文15行，行28字。碑阴额篆书（阳文）"门生故吏名"五字，下隶书题名三列。

《孔宙碑》全拓

存山东曲阜孔庙。

碑主人孔宙，字季将，孔融之父，孔彪之兄，孔子第十九代孙。历官郎中、都昌长、元城令、泰山都尉，卒于延熹六年正月，年61岁。死后，门生故吏勒铭颂其德。是碑自欧阳修《集古录》收载之后，代有著录，对后世影响较大。其书风属方整秀润一路，与《史晨》、《乙瑛》、《华岳庙》诸碑相近。结字中宫绵密，左右开张，横画甚长，波磔分明，用笔圆转遒丽，有篆书意味。碑阴字尤方正蕴藉，与碑阳之字非出一人之手。明清以来，金石书家多称誉之。

4. 《夏承碑》

《夏承碑》全称《汉北海淳于长夏承碑》，又名《夏仲兖碑》。东汉建宁三年（170年）立于河北永年，14行，行27字。自元王恽始定为蔡邕书，此后诸家多沿其说，然实无确据。

按照赵明诚《金石录》的记载，词碑在南宋初年尚称完璧，明成化十五年（1479年），广平知府秦民悦发现此碑仆倒于府治后堂，遂于堂之东隅建"爱古轩"以覆之。但碑之下半截110字，已为后人剜剔。至明嘉靖二十二年（1543年），因筑城为工匠所毁。越二年，知府唐曜乃于漳川书院（紫山书院）取旧拓重刻，置亭中。重刻碑高259.2厘米，宽124.8厘米，文13行，行35字。有额，碑末有"建宁三年蔡伯喈书"1行8字及唐曜重刻题记，皆正书。

据称存世唯一比较可信的原石拓本，为明无锡华夏（字东沙）真赏斋本，缺30字。有翁方纲长跋，世称孤本。存世其他拓本多系重刻拓本。

碑主夏承，字仲兖，其祖、父及兄皆居显位。夏承有文德，累任县主簿、督邮、五官掾功曹、冀州从事等职，官至淳于（故址在今山东安丘县东北三十里）长。建宁三年六月卒。

据拓本，此碑阳文篆额，结字奇特，在隶书中参入篆书结体，别为一格。碑字逢点皆出锋为之，平横的起笔亦时取侧锋。结构多呈长方形，骨气洞达，神采飞扬。

5. 《尹宙碑》

《尹宙碑》全称《汉豫州从事尹宙碑》，又名《尹宙碑额》。东汉熹平六

《尹宙碑》拓片局部

年（177年）四月立。高192厘米，宽89.6厘米。14行，行27字；碑阴有元皇庆三年题记。

此碑首次出土于元皇庆元年（1312年）正月。当时汴梁路（今河南）鄢陵县达鲁花赤阿巴赤，以重修孔子庙广求石材，于洧川（今河南洧川县境）发现此石，移至鄢陵孔庙内。后不知何时又没入土中。明嘉靖十七年（1538年），一说万历间（1573—1619年），因棺水泛涨，岸崩而重出，复迁回鄢陵孔庙。

新中国成立后，党和政府对该碑的保护十分重视。1990年，河南省文物局曾拨专款对碑体进行保护，对文庙戟门进行维修，使这通珍贵的汉碑得到了较好保护，今庙已改为县立第二中学。

碑石初出土时字基本完整，一字不缺。至乾隆时，全碑仍自完好。嘉庆间拓本则"德寿不"等字已泐。目前碑额篆书"汉豫州从事尹公铭"8字，仅存"从、铭"二字。

书法方整浑穆，万经《分隶偶存》评为"汉碑之尤者"。

碑主人尹宙，字周南，河南鄢陵人。博通经传。历任郡主簿、督邮、五

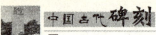
官橼、功曹、守昆阳令、州辟从事等官职，官至豫州（在今安徽亳县）从事。汉灵帝熹平六年（177年）四月他因病逝世，终年62岁。

《尹宙碑》结体内紧外拓，笔画细瘦圆健，整篇碑文为隶书，体势近似楷书。字体风格工整中透出俊逸洒脱，统一中富于变化，颇具秦小篆之遗风。行笔一波三折，有金石之气。结体顾盼有神，若群鹤起舞，堪称汉碑中的上乘之作。

神道碑

神道碑起自北朝。北朝特注重风水，风水家们以南方为神道。其实神道即是向南的墓道，因而在神道上立碑，即为神道碑。隋统一以后，神道碑与墓碑逐渐混为一谈，不加区别。在碑文中一般均称"神道碑"。

1.《高力士神道碑》

高力士死后，唐玄宗遗诏命陪葬于自己的泰陵。大历十二年（777年），高力士墓前立碑一方。

在历年战乱中，碑石遭受破坏，根据清钱大昕《潜研堂金石文》的记载，此碑在200多年前已残缺，只存上半部分。值得庆幸的是，1971年在蒲城县金粟山泰陵附近，找到残碑的下半部分，现已接对完好，高力士碑碑身为纯色大青石，高4米，宽1.5米。碑文共30行，每行55字，共1650字。碑额题"大唐故开府仪同三司赠扬州大都督高公神道碑"。京兆府户曹参军李阳冰篆写。正文为翰林待诏张少梯书。此二人均系当时著名书法家，笔力苍劲。

2.《宋璟神道碑》

此碑是唐代名相宋璟的神道碑，全称《大唐故尚书右丞相赠太尉文贞公宋公神道之碑》，坐落在河北省邢台市桥西区东户中学院内。因碑文是唐代大书法家颜真卿撰写并书丹，所以不仅是研究宋璟的珍贵历史文物，同时也是研究颜鲁公书法的珍贵资料，具有重要的历史价值和艺术价值。2006年6月，国家文物局将宋璟碑列为全国重点文物保护单位。

碑高4.08米，宽1.6米，厚0.47米，碑的正面、阴面和左侧刻有颜真卿书写的盈寸楷体，洋洋 3000 余言。碑首半圆形，浮雕缠尾四龙，矫健雄浑。碑额方形，正中篆书阴文"大唐故尚书右丞相赠太尉文贞公宋公神道之碑" 20 个大字。原有仰首赑屃碑座，上刻褡裢花纹，庄严稳重，今已逸失。全文尽述宋璟"历仕三朝，刚直不阿"的荣耀事迹。碑文题后结衔："金紫光禄大夫行抚州刺史上柱国鲁郡开国公颜真卿撰并书"。碑的左侧镌刻的是此碑建立 6 年后（大历十三年，即 778 年），又由颜真卿补记的宋璟的生平事迹。碑的右侧镌刻的是明朝人方思道记述宋璟碑倒伏后重新树立起来的经过。

全碑字体端庄，气势开张，用蚕头磔尾的隶法于捺笔首尾，结体字大充格，磅礴大气。颜真卿书写此碑文时年 65 岁，书法艺术炉火纯青，故此碑是他成熟的传世名作之一。

 ### 3. 《司马温公神道碑》

《司马温公神道碑》位于山西夏县水头乡小晁村司马光墓前，坟茔占地 3 公顷余。墓葬分茔地、碑楼、碑亭、碑碣、余庆禅院等几部分。茔地位于右翼，禅院位于左翼，碑楼在最前方。碑楼高大壮观，《司马温公神道碑》就在碑楼内。

司马光病逝后，苏轼于哀痛之中当即撰写了长达 12000 余字的《司马温公行状》，接着又奉诏撰写了《司马温公神道碑》，对司马光的一生作了全面的叙述并给予了很高的评价。苏东坡与司马光虽然政见有分歧，但他高度赞赏司马光的人品，尤其是身为朝廷重臣，但两袖清风的廉政精神。

蔡京之弟蔡汴和章悼等人重新上台执政以后，对过去与他们持不同政见的官员肆意罢免或降职。他们首先发难司马光，弹劾他"诬谤先帝，尽废其法，当以罪及"，逼迫宋哲宗追究司马光的罪过。他们要求以司马光陵掘墓、破

金代摹刻的《司马温公神道碑》

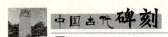
棺、暴尸，以泄私愤。宋哲宗对他们的请求没有采纳。但是，却下令追回对司马光的赠谥，毁掉"忠清粹德之碑"。当时，碑身被打为四段，碑文也用铁锤毁坏，而后挖坑掩埋。

约50年后，埋碑处生长杏树一株，形状奇特。时间已到南宋与金对峙时期，河东一带属金人统治范围。金皇统八年（1148年），夏县县令王庭直拜谒司马光墓时，发现杏树旁有碑座龟趺，便命人掘地寻找当年残破的断碑。果然在杏树旁发现宋哲宗御篆碑额"忠清粹德之碑"，以及残碑的碑文。以后，在司马光族人的帮助下，将残碑磨制为大小相等，并依照寻访到的原碑拓片文字，予以缩小摹刻，镶嵌在碑堂内。残碑共为五段，其中四段依苏轼手迹摹刻，一段则为王庭直关于碑石的来历记载。由于碑石源于杏树，故又名"杏花碑"。

4.《韩世忠墓神道碑》

苏州市西南郊灵岩山西麓，有宋代抗金名将韩世忠及其四位夫人的合葬墓。该墓的神道碑十分有名，其碑体之巨，碑文之长，世上罕见，有"天下第一碑"之誉。神道碑位于韩世忠墓的东侧，坐东朝西面对神道。碑身与龟趺的总高度有3丈多（约合10米多），碑额为宋孝宗赵慎御题"中兴佐命定国元勋之墓"10字，每字有1.2尺见方。碑文由端明殿学士签书枢密院事赵雄撰写，尚书侍郎直学院侍讲周必大手书。全文分88行，每行150字，共计13200字。此碑于1939年6月被大风吹折。1946年5月，灵岩山妙真和尚邀集地方人士及韩世忠后裔，网罗资金，招工将神道碑断块分两段用水泥等制成混凝土嵌铁箍胶结，重新竖立于原处，受制于资金与技术手段的局限，这次修整未能将神道碑重立于龟趺之上，重现昔日神碑雄姿。碑原高三丈，现为一丈三尺（4米多）。据介绍，石碑未倒之前，已进行了拓片，碑刻全文现保存在苏州市碑刻博物馆，此碑石之巨、碑文之长，堪称"天下之最"，其价值甚至超过了韩世忠墓本身。

近年来，苏州市吴中区为保护这一价值连城的文物，建造了一座碑亭，用以遮风挡雨。

 **祠庙碑**

祠庙包括主要供奉和祭祀祖先的家庙、宗祠，也包括供奉和祭祀忠臣良将、清官及文化名人的庙堂。这些祠庙一般都有碑刻。有时甚至祠庙已经倾颓而石碑独立于世，因此具有重要的历史文化价值。历史上较有名气的祠庙碑有：

 1. 《西门大夫庙记碑》

该碑现嵌于安阳县北 15 公里的西门豹祠遗址碑墙里。东汉时为怀念西门豹为邺令的政绩，在此修祠盖庙，后经历代修葺，清代毁于兵火，仅存此碑。

北宋嘉祐元年（1056 年），马益任邺县令，次年其兄马需撰《西门大夫庙记》，为马益立碑，碑高 1.73 米，宽 0.90 米，厚 0.18 米，碑文 22 行，满行 34 字。此碑存留至今，基本完好。

 2. 木兰祠二碑

木兰祠位于河南虞城县，始建于唐代。金泰和年间（1201—1208 年），

木兰祠及门前的两座碑亭

敦武校尉归德府谷熟县营郭镇酒都监乌林答撒忽剌又重修大殿、献殿各三间，并创塑了花木兰像。至元代元统二年（1334 年），睢阳府尹梁思温倡议，募捐二千五百贯，重修扩建。清嘉庆十一年（1807 年），由该祠僧人坚让、坚科和其徒田何、田桢、田松等，又募资修祠立碑。由于历代重修，祠宇占地面积一万平方米，祠地四百余亩，住僧人十余人。1943 年毁于战火，四十多通古碑几乎全被烧毁，幸存的只有两通。

一是元代《孝烈将军像辨正记》碑，立于该祠大门内东侧。碑为青石，通高 3.6 米，宽 1 米，碑首前后皆为深浮雕的二龙云里戏珠，布局对称，造型大方。篆字题名，碑四边刻有图案，上边用夸张浪漫的手法，刻有二龙戏珠，龙头大而逼真，龙身简而细小，穿入流云，生动美妙。两边阴刻牡丹花纹，线条活泼流畅，古朴而不俗。碑文正书 31 行，行满 68 字，其刻书精美，苍劲有力。龟座高 0.7 米，龟形伸头直尾，四肢半曲，似起似卧，栩栩如生。碑文下款：元朝元统二年，祖居归德汤德立石，侯有造撰文，曹州李克均、李英刻石。此碑经专家鉴定，确属元代石刻真品。1982 年，由河南省文物局拨款重修碑楼。

另一通是清朝《孝烈将军辨误正名记》碑，立于该祠大门外西侧。通高 2.14 米，宽 0.78 米，方座，碑额刻有深浮雕盘龙，篆字题名，碑文正书，归德府商丘县庠生孟毓谦撰文，归德府商丘县邑大学生孟毓鹤书丹，芒山石工张握玉刻石。

 3.　《颜家庙碑》

《颜家庙碑》全称《唐故通议大夫行薛王友柱国赠秘书少监国子祭酒太子少保颜君庙碑铭并序》，是颜真卿为其父颜惟贞所立，记载家族世系情况。

碑立于唐建中元年（780 年）7 月，碑存西安碑林，四面环刻，碑阳 24 行，行 47 字。碑阴同两侧各 6 行，行 52 字。额篆书"颜氏家庙之碑" 6 字，为篆书高手、时有"笔虎"之称的李阳冰书。碑文由 72 岁高龄的颜真卿亲自撰文并书写，故堪称有"连璧之美"。

《颜家庙碑》

由于《颜家庙碑》是颜真卿晚年时作，笔力雄健、结体庄密。隋代与初唐的楷书，多以运指为长、结字左紧右舒，呈欹侧之势。颜书则加强了腕力的作用，巧妙运用藏锋和中锋，形成力透纸背的效果。又横轻竖重，似有立体感觉。颜真卿正书，横画端平，左右竖笔略呈向内的弧形，这不仅造成庄重感，而且使整个结构圆紧浑厚，富有强大的内在力量。这一切都是突破旧格局的创新。《颜家庙碑》是"颜体"的典型之作，也是颜真卿传世碑刻中最后的巨作。该碑宋代拓本第三行"祠堂之颂"的"祠"字中，"司"勾笔完好，明拓已剜粗。

细观此碑，通篇刚劲严整，雄伟挺拔，当为颜书中最庄重者。揉以篆籀笔意的点画中蕴含朴拙老辣之韵，可谓人书俱老。

第二节
功德碑与纪事碑

 **功德碑**

所谓功德碑就是记功载德或颂扬政绩的碑。

功德碑的特点是内容具有典型性，形式具有个案性。对于碑主来说，是褒奖和颂扬，对于时人和后人则是楷模和榜样。由于这种碑既有现实意义，又有历史意义，勒石镌刻功德无量，因而历代官民无不高度重视，统治阶级更是乐此不疲。在古碑家族中一直繁衍不息，数量庞大。同时，相较于墓碑，功德碑涉及的人物形象更加丰满，涉及的事件具体、翔实、感人至深，有很强的可读性、很高的人文价值，是古人为我们留下的宝贵文化遗产和不可再生的精神财富。

当然，功德碑原本就是隐恶扬善的碑，有时难免"隐"或"扬"得离谱，多为虚夸粉饰之词，因此，尽信碑则不如无碑，不信碑则空留遗憾。但是，我们看到的虽然不一定是真实的碑主其人，至少也是一个撰文者心目中的好官形象、好人形象，也算树立了一个好官好人的榜样，同样有借鉴的意义。

现存的功德碑，最早出现于东汉年间（25—220 年），例如《礼器碑》、《曹全碑》和《史晨碑》西晋的《辟雍碑》以及属于高句丽时代的《好太王碑》、北魏的《张猛龙碑》都属于此类。

1. 《曹娥碑》

《曹娥碑》在浙江上虞市区西南孝女庙村的曹娥庙内。

碑主曹娥是一位姓曹小姑娘，名字已经无考。曹娥是东汉著名孝女，《后汉书》有传。曹娥的父亲曹盱是位巫师，汉顺帝汉安二年（143 年）五月初五，在一次祭祀活动中逆江而上迎神，不幸淹死，没有找到遗体。14 岁的女儿曹娥沿江哭号，昼夜不绝，17 天后，也投江而死。又过 5 天，抱着父亲的遗体浮出水面。

由于事迹感人，汉桓帝元嘉元年（151 年），县令度尚将曹娥改葬在江南岸路旁，并决定立碑建庙。度尚先请魏郎撰写碑文，还未写出，度尚宴请魏郎，并请弟子邯郸淳作陪。席间，魏说自己不才，碑文至今未写成，请邯郸淳来写最好。于是，邯郸淳一挥而就，文不加点。魏自愧弗如，把自己的未完稿撕毁。

东汉末年，上虞人蔡邕读完全文后题了八个字："黄绢幼妇，外孙齑臼"，隐下"绝妙好辞"四字。我国历代孝子孝女孝妇史不绝书，论名气之大，声望之高，恐怕还没人超过曹娥。这是因为蔡邕那八个字的评价恰如其分。

此蔡邕并非彼蔡邕——蔡文姬的父亲，著名书家、学者蔡邕。因为史载董卓被诛后，彼蔡邕为王允所捕，公元 192 年死于狱中，而《曹娥碑》上的谜语题写于 195 年。此蔡邕是一位"终隐不仕"的乡野儒生，也是一位"以孝行闻"的大孝子，更是曹娥的同乡。

邯郸淳的撰文确有文采固然重要，书丹者的功力更不容忽视。《曹娥碑》到底是谁书写的，一向有三种说法：一是王羲之；二是晋代无名氏；三是南朝后期人所书。人们倾向于王书，《曹娥碑》自然身价倍增。

曹娥抱父淹死的这条江原名舜江，岸边有舜帝庙、舜桥、舜井等古迹。

后因曹娥的事迹改为曹娥江，岸边的镇叫曹娥镇。曹娥庙也由原先的小祠堂改建成大庙，现在占地七千多平方米，除曹娥墓外还有若干建筑，庙内有碑廊。

唐代留下的功德碑数量较大，这里介绍两通，可分别代表几种不同类型。

 2.《述圣纪碑》

《述圣纪碑》位于陕西省乾县北 6 公里的乾陵内，处于乾陵内城朱雀门外的司马道西边，与著名的武则天"无字碑"相对。

它是女皇武则天为高宗歌功颂德而立的纪念碑，高 6.30 米，宽 1.86 米，重约 89.6 吨。碑为方形，顶、身、座共七节，表示日、月、金、木、水、火、土，寓意李治的文治武功光照天下，故又称"七节碑"。碑顶部为庑殿式，屋檐四角雕刻一力士石像，檐雕斗拱中间为五节碑身，下为碑座，各部分用榫卯相接。初建有碑亭，但早已不存在了。碑亭建筑基址呈方形，南北 18.80 米，东西 18.85 米。

《述圣纪碑》记述高宗文治武功之意，由武则天亲自撰文，其子中宗李显书丹。碑

《述圣纪碑》

身五节除第一块和第四块无字外，其余三块的正面及东西两侧均刻有字。碑正面碑文，文为骈体文，原文 46 行，行约 120 字，共约 5600 字，皆楷书，每个字笔画间都"填以金屑"，闪闪发光，照耀陵园。后因天长日久，金屑自然脱落，文字也大多剥蚀，仅第一、第二、第五块石存留的 1500 多字还依稀可辨，个别字的金迹尚在。

此碑开帝王陵前立功德碑之先例。

 3.《田琬德政碑》

《田琬德政碑》刻立于开元二十八年（740 年），原在河北易县城内，清

乾隆时移置保定，运送途中不慎落地，断为数块，先存放保定府学，1932 年移至莲花池畔，并建亭保护。此碑篆书题额《大唐易州刺史田公德政碑》。高 3.33 米，碑文行书 29 行，行 60 字。

碑主田琬，又名田仁琬，字正勤，唐玄宗开元二十四年（736 年）任易州刺史兼高阳军使，在任期间德行政绩卓著，州人安居乐业。四年后又调任安西都护府（今新疆吐鲁番地区西）。此碑系田琬离任时当地官民为他刻立的功德碑。

碑文撰写者是徐安贞，新旧《唐书》均有传。开元年间曾任中书舍人，集贤院学士。唐玄宗每属文作手诏，多命徐安贞视草，足见其文笔十分了得。碑文读起来抑扬顿挫，朗朗上口。

4. 《贞义女碑》

刻立于唐代天宝十五年（756 年）的《贞义女碑》，全称《溧阳濑水贞义女碑铭并序》。此碑原立于江苏省溧阳市大溪乡上吴村史氏宗祠内，后来一度下落不明，直到 1974 年，在宜兴县芳庄乡渡口村附近的大路上发现，当时已架作路石。于是迁至县文化馆保存起来。碑高 1.72 米，宽 1.00 米，厚 0.22 米，碑文楷书 22 行，满行 32 字。

《贞义女碑》

楚平王六年（公元前 523 年）由于楚平王昏庸无道，听信谗言，杀死了忠良之臣伍员（字子胥）的父亲（时任太子太傅）伍奢和兄长伍尚。伍子胥被迫逃亡吴国，在路经溧阳濑江时，已经七天未吃东西，恰好在江边遇到正在浣纱的女子史氏，伍子胥便请她给一点东西吃，史氏很慷慨地答应了。伍子胥在饱餐一顿之后临走时，担心自己的行踪被楚国追兵得知，再三嘱咐史氏保守秘密，史氏也保证不对任何人说。可是伍子胥仍不放心，于是史氏抱起石头毅然自沉濑江。后人敬重史氏的贞节侠义，在江边建祠祭祀。

唐天宝十四载（755 年），诗人李白来溧阳游览，溧阳县令就请他为史氏撰写碑文，又请李白的族叔李阳冰书丹，李阳冰是著名书法家，当时是当涂县令。碑就立在伍子胥为报答史氏而投金于江的地方。李白平生留下的碑文只有5篇，《贞义女碑》是最为脍炙人口的一篇。贞义女死后1280年，由一位伟大的诗人撰写碑文，也算是无上光荣了。

纪事碑

纪事也是碑刻的主要功能之一。纪事碑分为官刻与私刻两种。凡官方刻立的圣旨、诏书、敕文、戒令、符牒、札子、告身以及其他官方文件或记录重大事件的碑刻都属此类。历代的圣旨碑、诏书碑都很多。但碑文多千篇一律，书法也均为中规中矩的"馆阁体"。在这些"官样文章"以外，较有特色的官刻纪事碑有：

1.《晋祠铭》

《晋祠铭》全称《晋祠之铭并序碑》，现在山西太原晋祠贞观宝翰亭内。李渊父子建立唐朝后，于唐贞观二十二年（648年）在晋祠勒石树碑，酬谢叔虞神恩。碑高195厘米，宽120厘米，厚27厘米，方座螭首额书飞白体"贞观廿年正月廿六日"。碑阳行书28行，每行44字至50字不等，全文1203字。碑阴刻有唐初功臣长孙无忌、李道宗、马周等诸人的名衔。

《晋祠铭》拓片

碑文由唐太宗李世民亲自撰稿并书丹。碑文分序文和铭文两部分，序文为骈体，铭文是四言古体。主要内容是歌颂宗周政和唐叔虞建国策略，宣扬唐王朝的文治武功，以期巩固唐皇室政权。同时唐太宗也对自己的生平和思想进行了总结，对历史进行了回顾和反思。碑文最精彩的部分是序文中间四段，唐太宗在这一部分把山水人格化、人性化，

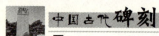

以优美动人的笔墨，对晋祠所在的悬瓮山和晋水做了尽情的描绘和赞颂，形象生动地写出了悬瓮山的四种品格：惠泽于世，施于人间和风雨露；至仁至善，鸟兽都与人亲近；刚节坚贞，治乱而不变态，寒暑而不改节；宽宏大量，可以育万物、资四方。而"飞泉涌砌，激石分湍"的晋水，虽然烟迷雾绕，可是始终清澄见底，贞洁如英俊贤才；溪水河流有圆有方，则如圣贤能屈能伸；泉水源流涌注不绝，却从不泛滥成灾，春涧有冬冰之俏，寒岩有青苔之美；清澈的渭水尚且与混浊的泾水合流，碧海黄河也时有变化，都不像此泉这样永远甘泽，永不改变自己的节操。唐太宗通过对晋祠山水的赞美，表达了他的人生理想和政治追求，是他以"仁智"兴邦，以"唯贤是辅"、"唯德是依"的治国理念的形象反映。作者借景抒情，情景交融，寄寓了一代帝王的治国思想。

此碑还是我国第一块行书碑。碑文书体劲秀挺拔，飘逸洒脱，骨格雄奇，刻工洗练，轻重有度，颇有王羲之之笔意，可谓行书楷模。

由于年代久远，唐太宗御碑上面的文字有些已经不甚清楚了。清乾隆三十七年（1772 年）又复制了一通石碑，立在原碑旁边。

《升仙太子碑》现封于 20 世纪 50 年代建成的碑楼中

2. 《升仙太子碑》

武则天登封改元建立武周，封禅嵩岳时封王子乔为仙太子，别为立庙。圣历二年（699 年）再幸，武则天还亲自撰文并御书《升仙太子碑》。现河南偃师县缑氏山升仙太子庙，亦称仙君观。缑山之名来自传说中的西王母。据说西王母姓缑，曾在此修炼成仙，故名缑氏山，简称缑山，后被尊为道教"福地"，在道教"三十六洞天，七十二福地"中排行第六十。

武则天在东都洛阳亲撰的这篇《升仙太子碑》文，详述了太子乔升仙的故事。神龙二年（706 年），书法家钟绍京奉敕勒御书，用双句法把武则天的碑文描摹在碑的正面；碑阴武则天的《游仙篇》则由书法家薛曜书写，全诗如下：

> 绛宫珠阙敞仙家，霓裳羽帔自凌霞。
>
> 碧落晨飘紫芝盖，黄庭夕转彩云车。
>
> 周旋宇宙殊非远，鸾远蓬壶停翠幰。
>
> 千龄一日未言映，亿岁婴孩谁谓晚。
>
> 逶迤凤舞时相向，变转鸾歌引清唱。
>
> 金浆既取玉杯斟，玉酒还用金膏酿。
>
> 驻迴游天域，排空聊憩息。
>
> 宿志慕三元，翘心祈五色。
>
> 仙储本性谅难求，圣迹奇求秘之猷。
>
> 愿允丹诚赐灵药，方期久视御隆周。

碑阴题名则记载了武则天在位时的重臣和随李旦到缑山树碑的官员的职衔和姓名。

碑文中使用了不少新造的字。据说是永昌元年（689 年）武则天欲改国号"唐"为"周"时，特命她的表兄、凤阁侍郎宗秦客编造新字，武则天看到这些新字后十分高兴，又编造了一些新字，共 19 个，武则天以个人名义颁行天下。碑文中用的新字个个神采飞扬，视觉效果与通用汉字毫无二致。碑文书法行草相间，点画圆转，粗细有度，草法规矩，结字严谨，章法疏朗，字字独立，不相连属，结体自称，有飘逸寓沉着、婀娜寓雄健的豪迈气象。

知识链接

"升仙太子"的故事

"升仙太子"是春秋时期周灵王（公元前571—公元前545年在位）的太子，名晋，字子乔，后人称王子乔或王乔。传说王子乔能预卜生死，但由于敢言直谏触怒了灵王，被废为庶人，由是郁郁不乐，说："我在三年之后，将上天到玉帝之所。"史籍记载，三年后他郁郁而终。但人们更愿意相信王子乔成了仙。《列仙传》就记载，后来道士浮丘生引王子乔上了嵩山，三十年后见到恒良，王子乔说："可告我家，七月七日会我于缑氏山麓。"到了那一天，他果然身乘白鹤立于山巅，可望而不可达，数日方去。"升仙"是道教的概念，有羽化登仙或飞升仙境的意思。

王子乔卒后不久，灵王驾崩，王子乔的弟弟贵嗣位，是为景王。王子乔的儿子宗敬后来仕为司徒，看到周室衰微，天下大乱，便请老致仕，避居太原。时人仍呼之为王家，遂以王为姓，成为太原王氏始祖，而尊王子乔为系姓始祖。

私刻的纪事碑内容更加广泛，形式更加多样。凡建桥修路、造庙起塔、祈福求雨、乡约村规、租约仲裁等均可入碑。最早，如东汉时代的《三老讳字忌日记》、《大吉买山地记》、《侍廷里父老买田约束石券》等都属于此类碑刻。关于这三通碑刻的详细介绍参见后文。

第三节
石经与宗教刻石

石经是指将经典刻之于石以保存流传，内容包括儒家石经和佛教、道教石经。形制上，碑板、经幢和摩崖均有。在古代印刷术尚未发明以及广泛应用之前，文字的传播只能依靠手写，不但效率低，而且辗转传抄往往导致错误频出，大大影响文字的准确性。为了在普及的同时保证准确、划一，人们便将重要典籍制成石刻，供大量摹写、拓印流传。

儒家经典刻石

我国历史上迄今有文字可考的，儒家经典曾有七次镌刻石经，东汉石刻有"熹平石经"、曹魏石刻有"正始石经"、唐朝石刻有"开成石经"、后蜀石刻有"广政石经"、北宋石刻有"嘉祐石经"、南宋石刻有"御书石经"、清朝石刻有"乾隆石经"。其中除唐石经（今存西安碑林）和清石经（今存北京首都图书馆）基本完好外，其余五种只有极少数残石和小部分拓片传世。

1. 汉熹平石经

熹平石经是中国古代最早刊刻于碑石上的官定儒家经书，又名《汉石经》、《一字石经》。自汉武帝采纳董仲舒的建议实施"罢黜百家，独尊儒术"的方针后，儒家思想已经占到思想界的统治地位，于是儒家经典准确地普及已成必须。至东汉，蔡邕认为，儒家经典的"文字多谬，俗儒穿凿，疑误后学"，于是在汉灵帝熹平四年（176年）上奏，要求正定六经文字，获得皇帝准许。于是从这一年开始，蔡邕亲自书丹，使刻工刻石。至光和六年（183

熹平石经残石·《春秋》

年）共刻 46 块，200911 字，立于洛阳太学（遗址在河南偃师县佃户乡）讲堂的东西两侧。

熹平石经共包括《鲁诗》、《尚书》、《周易》、《礼仪》、《春秋》、《公羊传》、《论语》七种经文，每种经均以一家本为主而各有校记，备列学官所立各家异同于后，这对于纠正俗儒的穿凿附会和臆造别字，维护经典文字的统一起了积极的作用。乃至"后儒晚学，咸取正焉"。据记载，石经刻成之后，前往"观视及摹写者，车乘日千余两（辆），填塞街陌。"

熹平石经从右向左直行书写，书体秀美，为汉隶精品。

熹平石经订误正伪，平息纷争，为读书人提供了儒家经典教材的范本，对校正古籍以及对文字、书法的研究都有重要价值。可惜不久即遭兵火而毁损散落。宋代以后偶有残石出土，现存 8000 余字。

熹平石经还开创了我国历代石经的先河，从此构成我国独有的石刻书籍林。此外，熹平石经还启发了捶拓方法的发明。捶拓技术是雕版印刷术的先驱，因此，石经对印刷术的发明也有间接影响。

2. 魏正始石经

这部石经于三国魏齐王曹芳正始二年（241 年）在洛阳开刻，用古文、隶书、篆书等三种文字刻成，故又称《三体石经》，经文有全部的《尚书》和《春秋》，以及试刻的《左传》个别文字，共约 28 碑。

正始石经的书写者，据传说有卫觊、邯郸淳、嵇康，但无定论。其刻本笔法与结构都很规正。

石经刻成后，与汉熹平石经并立于洛阳太学。自 311 年永嘉之乱始，王弥、刘聪陷洛阳，焚毁二学，石经应已有所损毁。至北魏，石经已被严重损毁，七零八落地分散了。东魏孝静帝四年（537年）八月，移洛阳汉魏石经于邺。北周大象元年（579年）二月，又自邺还涉洛阳。隋开皇六年（586年），又自邺京载入长安，置于秘书内省。后唐代魏征予以收聚，十不存一。

清光绪二十一年（1895年），洛阳白马寺村南龙虎滩发现《尚书·君奭》篇残石110字，古文占36字，初归丁树祯，后归周进。1922年12月间，洛阳城东南30里朱圪塔村发现尚书《君奭》、《无逸》和春秋《僖公》、《文公》残石，而《君奭》篇正好与龙虎滩所出相衔接，原石大，估人从中折为两段，共1771字，古文约580字，归河南图书馆，后又出有《尚书·多士》

正始石经残石拓片

和《春秋·僖公九年》残石，共229字，古文占76字。此外还有100多块碎石，小者1、2字，大者40余字，散落在各收藏家手中，字数无法统计。1945年，于西安市许土庙街（为唐时中书内省旧址）首次发现三体石经《尚书·康诰》残石1片，仅表刻，无背刻，共35字，其中古文占11字。1957年6月，在西安市距离上述出土之处附近又发现石经残石一片，表刻《尚书·梓材》篇，存10行33字，古文8字，背刻《春秋·文公元年、二年》经文，残存10行50字，古文15字。

 3. 唐开成石经

唐初诏命经学大师贾公彦、孔颖达订正经籍。至文宗大和年间，在郑覃、唐玄度的建议下，从大和四年（830年）开始，由艾居晦、陈玠等人用楷书分写《周易》等12种经书，共用7年时间，至开成二年（837年）刻成。故又称《石刻十二经》。

全部石经共114石，每石皆两面刻，共刻经文650252字。每碑经石高约1.8米，面宽0.8米。下设方座，中插经碑，上置碑额，通高约3米。

开成石经陈列

开成石经的版面格式与汉魏石经不同，每碑上下分列8段，每段约刻37行，每行刻10字，均自右至左，从上而下，先表后里雕刻碑文。每一经篇的标题为隶书，经文为正书，刻字端正清晰，按经篇次序一气衔接，卷首篇题俱在其中，一石衔接一石，故不易凌乱。可见当年刻石是颇费一番构思的。

石经原立于唐长安城务本坊的国子监内，宋时移至府学北墉，即今西安碑林。中国清代以前所刻石经很多，唯开成石经保存最为完好，是研究中国经书历史的重要资料。但明代以前完整拓本今已不存。明代关中大地震之后，碑林所藏开成石经损毁严重，故现有拓本多有残缺。

1949年以前"碑林管理会"又将碑石去额平列，成现存的形状。1961年国务院公布为全国重点文物保护单位。

知识链接

《十三经》

所谓十三经指的是儒家的十三部经书。

儒家的最早经典，称为六经，为《易》、《书》、《诗》、《礼》、《乐》、《春秋》。从孔子开始，这六部经书就是儒家学者研习及立说的依据。经秦始皇焚书以及秦末战火以后，《乐经》失传。因此到汉武帝接受董仲舒意见"罢黜百家，独尊儒术"时，便只立了五经，均设博士。这是儒家所遵从的典籍首次获得政治肯定，升格为"经"。魏晋时，学人为了方便，将《春秋》的传文（传即解经的文字）附在《经文》的后面，从此《春秋》便不再单行了。唐太宗时干脆将解《春秋》的"三传"，即《左传》、《公羊传》、《谷梁传》全都并列为经；又把《仪礼》和《礼记》抬升为"经"，这样就发展为"九经"，立于学宫，用于开科取士。

唐文宗开成年间，在国子学刻石，内容除了"九经"之外，还加上了《论语》、《尔雅》、《孝经》，是为"十二经"。南宋时又正式把《孟子》列入"经"，称为"十三经"。

4. 后蜀广政石经

广政石经始刻于后蜀广政（938—965 年）初年，最初由后蜀宰相毋昭裔主持。后蜀时已经完成了《孝经》、《论语》、《尔雅》、《周易》、《毛诗》、《尚书》及"三礼"（《周礼》、《仪礼》、《礼记》）九部经书的刊刻工作。而"春秋三传"（《公羊传》、《谷梁传》、《左传》）则到北宋皇祐元年（1099年）才最后完工。因为《孟子》一书在北宋中期才取得"经"的地位，所以宋徽宗宣和五年（1123 年），由蜀师席贡等人将其刻石。南宋时，晁公武镇蜀，又补刻了《古文尚书》。至此，蜀刻"十三经"全部完工，前后共历时187 年。

广政石经所刻经书以开成石经为范本，款式也与开成石经相同。但历代石经都没有注释，只有广政石经有注释，经注并行，相映生辉，是历代石经中仅有的。十三经全部正文约 64 万余字，加上注释，字数要多一倍以上。因此，广政石经的镌刻，堪称中国古代文教史上的一项壮举，也是一项浩大的文化工程。

广政石经书法俊美。石经雕刻时精选当时有名的书法家撰写文字，然后再由技艺精良的工匠雕刻于石上。因此，相较于开成石经，广政石经更为精

广政石经拓片·《诗经》

美。可惜书写人和刻工们的名字均没有记录下来，十分遗憾。

由于广政石经为"专精"之作，镌刻完成于我国印刷术发明及大兴之初，所存古、善本及在校勘学上的价值极为巨大。宋代学者晁公武曾将蜀石经与当时流行的通行本相校勘，校出经文异同处 300 余处；至于"传注不同者犹多，不可胜纪。"历代学者对广政石经评价都极高，宋人吕陶曾将广政石经对四川文化的影响与文翁兴学相提并论，由此可见其在文化史上的影响多么深远！

广政石经"石逾千数"，刻成后安放在后蜀的太学——宋代的府学（今石室中学内），专门设石经堂保存。但这笔珍贵的文化遗产却在宋末元初的兵火中毁了。

1938 年底，为躲避日机轰炸，疏散群众，成都老南门被拓宽。施工中无意间发现了数十块蜀石经的残石。较之以前的上千通石碑原石，虽然已属凤毛麟角，却是弥足珍贵！这些残石现大多珍藏在四川省博物馆中。

由于早在南宋晚期就已亡佚，故此广政石经流传下来的拓本也极为罕见。传世最完整的一部宋元拓本，明初曾收藏于内府，钤有朱元璋太子朱标的"东宫书府"印记，约在清中期流出宫禁，民国时为刘体乾所得，后递藏于陈清华。吴昌硕、陆恢、林纾、顾麟士、萧愻等著名书画家都曾在册端绘图；翁方纲、段玉裁、阮元、何绍基、王懿荣、罗振玉、王国维等著名学者留有题跋，1965 年中国政府重金由香港购回，即一直保存于北京图书馆，为流传有绪的国家级重要文物。

5. 北宋嘉祐石经

嘉祐石经始刊于北宋仁宗庆历元年（1041 年），毕工于嘉祐元年（1061

年），又称"北宋石经"。经文用篆、真二体书写，故又称"二体石经"。经成置开封太学，故又称"开封府石经"、"国子监石经"、"汴学石经"。

石经的刊刻是由杨南仲、谢锐、张次立、赵克继、章友直、胡恢等人合作完成，共有《易》、《书》、《诗》、《周礼》、《礼记》、《春秋》、《论语》、《孝经》、《孟子》九经。后王氏新学兴，石经废置不用，后亡佚。今所存者仅有部分残碑断石。

该经宋时已有拓本，经名家辗转收藏，损失大半。北京图书馆现藏有多种嘉祐石经拓本均较珍贵。存世者主要有：

1965 年在周恩来总理关怀下从香港购回的墨拓本《嘉祐石经》，共 4 大册。内容为《周易》、《尚书》、《诗经》、《礼记》、《春秋》、《周礼》、《孟子》等 7 种经。数量达 379 开，758 页，每页 8 行，每行 10 字，共为 30324 字。此本即山阳丁晏于咸丰七年（1857 年）五月在淮安书肆发现，买回重装，后归建德刘世珩、合肥李经迈等又流往香港的。丁晏收装时，还另装有名人题记一册，未和 4 大册一并流徙。现存于上海图书馆。这部北宋石经均宋元拓，大幅经折、剜裱，极为壮观。

《毛诗》残石，裱本 2 册。存卫风、王风、郑风、小雅甫田、大雅荡、周颂清庙、臣工等篇，明前期拓本。

《尚书》残石，裱本 2 册，

嘉祐石经残石·《易经》拓片

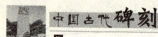
存泰誓、牧誓、武成、洪范金滕等篇。明前期拓本。

《周礼》残石，裱本2册，经折、剜裱、墨镶边，29开半，59页，每页6行，一行篆，一行楷，每行10字，首尾扉页均有陈运彰题跋和钤印，墨本中还有他的批注。

《毛诗》、《尚书》残石，裱本4册，计墨本97开，194页，题跋2开4页，每页5行，每行最多10字。尾有题跋二则，钤有"裕如重装印记"、"高阳崔氏金石书画章"等印章。

《周礼》、《礼记》残石，拓片3张。为顾千里和"铁琴铜剑楼"旧藏，并附有陈宗彝给顾千里的未曾发表过的亲笔信一件。嘉庆、道光拓本，十分珍贵。

6. 南宋高宗御书石经

高宗御书石经为南宋高宗赵构御笔所书，又称"南宋石经"。绍兴十二年（1143年）九月写毕，左仆射秦桧请求镌石以颁四方。绍兴十三年刻于临安，共200石，现存86石。

历代所刻石经均有作范本之意，但南宋石经则不同，宋高宗写的目的，在于练字习经。除高宗亲书外，还有其妻宪圣皇后续书者。全部字体有2种：《周礼》、《诗经》、《尚书》、《春秋左氏传》、《礼记》为真书；《论语》、《孟子》为行书。

该经刻就后，立于临安太学首善阁及大成殿后三礼堂之廊庑，故又称"临安石经"。屡经变易，现残石仍在杭州。

北京图书馆藏有曾为顾千里收藏的《诗经》残石拓片一套。原经10石，现存8石，缺四、五两块。为清嘉庆、道光间拓，是很少见的珍本。

7. 清乾隆石经

清乾隆石经书经人为蒋衡，一体真书，始写于雍正四年（1726年），写成于乾隆二年（1737年），乾隆五年时呈献皇帝，贮于懋勤殿中，过50年始命刊刻。始刻于清乾隆五十六年（1791年），毕工于五十九年（1794年）。

内容包括《周易》、《尚书》、《诗经》、《周礼》、《仪礼》、《礼记》、《春秋左传》、《公羊传》、《谷梁传》、《论语》、《孝经》、《尔雅》、《孟子》等全部 13 种，加乾隆五十六年谕和六十年和珅表，共 190 石。分竖式、卧式两种形制，刻石高大，石材精良。

经刻就后，立于太学（国子监）两庑，东西各半。现已移至孔庙与国子监之间的一块称为"埤垣"之地集中保存。

经碑额题系篆书，文为："乾隆御定石经之碑" 8 字。

佛教、道教经典刻石

佛教刻经始于北魏末年，继于北齐、北周，盛于唐和辽金。现山东泰山、河北响堂山有北朝佛经摩崖；北京房山云居寺现存大量唐、辽经板。这些都是佛教刻经的精品。

 ### 1. 泰山经石峪　《金刚经》

泰山经石峪在泰山斗母宫东北一公里山谷之溪床上。上刻隶书《金刚经》，明隆庆年间万恭书刻"曝经石"三个大字。故俗称"晒经石"。一片大石坪上，镌刻着 1400 多年前北齐时代摩勒的《金刚般若波罗蜜经》的部分经文，字径 50 厘米，原有 2500 多字，现尚存 1067 个。是现存摩崖石刻中规模空前的巨制。

该刻用笔安详从容，风神淡泊雍容大度，结体奇特斜倚相生，充满个性。被尊"大字鼻祖"和"榜书之宗"。

2. 河北响堂山北朝佛经摩崖

响堂山位于河北省邯郸市峰峰矿区境内，分南响堂山、北响堂山两处。两山均属太行山支脉，因过往行人谈笑均能发出回声，故名"响堂"。南响堂山原名滏山，北响堂山原名鼓山。东魏、北齐时期，皇家贵族分别在山上建凿了南北两座寺院，初名为滏山石窟和鼓山石窟寺。明代以后统称为响堂寺，近代则习称为响堂山石窟。

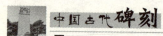
响堂山石窟现存大小石窟三十余座，造像4300余尊，其中北响堂山石窟（鼓山石窟）现有编号窟龛22座，南响堂山石窟现有编号窟龛9处。石窟始凿于东魏末年，主体工程完成于北齐时期，其后隋、唐、宋、元、明、清及至民国均有不同规模的雕饰和粉修。南响堂寺刻经主要集中在第一、二、四窟。

第一窟为华严洞。窟门左侧刻隶书《华严经》，刻字面高、宽2.02米见方，48行，行57字；右侧刻隶书《般若经》，刻字面高宽与左侧相同，46行，行56字。第二窟为般若洞。后壁刻隶书《般若经》，刻字面高1.23米、宽3.70米，20行，行8字；洞口左侧刻隶书《文殊般若经》，刻字面高2.10米、宽1.88米，10行，行14字。第四窟左右及前壁刻《妙法莲花经》。

北响堂寺位于南寺西北15公里的鼓山西侧，刻经主要在第七窟（又称"刻经洞"）内。所刻经文有《无量义经》、《无量寿经》等。

响堂山佛经虽属隶书，但蚕头燕尾已不十分明显，字体也由扁趋方，已带有楷书笔意。

 ### 3. 北京房山云居寺刻经

云居寺位于京郊房山区的白带山下，该山属太行支脉，海拔500多米，因山巅常有白云如带而得名。云居寺始建于隋朝初年，经过1300余年的历代修葺，蔚为壮观。依山建筑了五进院落，六重殿宇。中路是天王殿、毗卢殿、释迦牟尼殿、药师殿、弥陀殿、大悲殿，左右两路是行宫和僧舍。南北两塔对峙。

北京地区的云居寺以其独特的贡献——佛经石刻饮誉海内外，被称之为"北京的敦煌"。

据记载，北齐时天台宗佛僧慧思大师设想把佛经刻在石板上，藏在山洞里，以备有一天佛教遭到磨难时，当做复制佛经的底本。他发愿刻经，是受到北魏太武帝和北周武帝时两次灭佛事件的影响。这两次"法难"期间，大量手写佛经一时化为灰烬，而山东泰山、河北鼓山等处的摩崖刻经却完好地保存下来。因此他想到刻造石经是保存佛经、延续佛教确实可行的有效方法。

知识链接

汉传佛教天台宗

汉传佛教十三宗之一，创始人是陈隋之际的智颛（531—597 年）。因他常住浙江天台山，故名。又因该宗奉《法华经》为主要教义，故也称法华宗。智颛以《法华经》为主要教义根据，以龙树为初祖，北齐慧文（慧思的师父）为二祖，南岳慧思（智颛的师父）为三祖。祖庭在天台山国清寺。

天台宗是汉传佛教中最早一个完全由中国佛教论师创立的本土宗派，并于 9 世纪初被日本僧人最澄传到日本，盛极一时，是日本重要的佛教宗派。

天台宗的中心思想是"一念三千说"，即人当下一念之中具足三千诸法，包容现象界的全体。心在迷时，含三千法，对之执著不舍；心在悟时，也含三千法，但对之并不起执，而视为方便，视为性德。心有染净迷悟的分别，但三千法不动丝毫。

宋元明清之后，随着禅宗的一枝独秀，以及元、清两朝藏传佛教受到特别重视，天台宗在中国逐渐衰弱。民国以来，有谛闲法师再度复兴天台宗，他创立观宗研究社，培养了众多天台宗人才。

　　慧思 62 岁圆寂归天，临终之际，将终生未竟之遗愿托付给他十分器重的大弟子静琬（又称智琬、净琬）。

　　静琬秉承师遵遗愿，前后三十余年（605—639 年）主持凿刻石经，不辍不息。共刻经卷有《涅槃经》、《华严经》、《金刚经》、《佛遗教经》、《弥勒上生经》、《维摩经》等。在刻经的同时，又在贞观五年（631 年）于白带山下创建了云居寺，供养僧侣、研习佛法。还在山侧石壁上开凿石室，将刻好的佛经石板放入。"每一室满，即以石塞门，用铁锢之。"碑石大多是长方形大理石料，长约 250 厘米，宽约 60 厘米。《涅槃经》和《华严经》是两面俱刻,其余为单面刻。静琬所刻 146 块经版,至今仍镶嵌于华严洞内,为其早期作品,书法端正苍劲,是隋唐初期佳作的代表。

初期刻经大多在每部经的第一石上刻有经题,有的在经末还有题记。迄今发现静琬本人四件刻经题记,其中最早的是唐武德八年(625 年)题记。此碑于 1989 年 3 月 3 日在雷音洞前面的石栏板下面发现,长 32 厘米,宽 37 厘米,厚 10.5 厘米,艾叶青石制成。发现时已是残碑,碑体中段,碑阳存文字 12 行,每行 10 字;碑阴存文字 10 行,每行 10 字。经专家考证研究,此碑是云居寺所有碑刻中仅晚于《大业十二年佛舍利函铭记》的一块有重要史料价值的文物。碑文内容不仅说明静琬刻经的初衷与决心,还留下了供后人发掘整理碑文经版时辨识编排经文顺序的方法。

第二阶段是武周时期,继静琬之后,其弟子玄导僧仪、惠暹、玄法等陆续主持刻经工程。由玄导主持刻造的石经,主要有《大品般若经》、《楞枷阿跋多罗宝经》、《僧羯摩经》、《佛说四分戒本》、《比丘戒本》、《比丘尼戒》。此期间所刻石经题记中存有姓名的有垂拱年间庞德相造《金刚经》、天授三年(692 年)刘行舆造《佛说当来变经》、长寿三年(694 年)沙门正智造《佛

地下库房中储藏的云居寺石经版

说观弥勒下生成佛经》，以及周奭造《佛说菩萨投身饲饿虎起塔因缘经》等。经版的题记里常有武周时期的新字。

唐玄宗李隆基继位（712年）至穆宗长庆四年（824年）的百余年间是房山刻经的鼎盛时期。此间玄宗八妹金仙公主曾奏准赠给云居寺唐代新旧译经四千余卷，又将寺旁麦田、果园及环山林麓赐给该寺作为永久性寺产，以助刻造佛经及日常费用，体现了唐代当时最高统治者及皇亲国戚的支持，使刻经工程得以顺利发展。此时期的重要碑刻之一是《大唐云居寺石经堂碑》，已现于第一洞。碑文载有静琬第三代传人惠暹继承主持刻经事业的概况。

其后第四、五代传人玄法、惠澄又相继主持了第四、五批刻经活动，开始刻了大部头共600卷的《大般若波罗蜜多心经》，经末题记约有900条，最早的刻于天宝元年（742年）二月八日，为"范阳人李仙药为亡过父母敬造一条、合家供养。"最晚的刻于894年，为"莫（鄚）州邑人等奉为亡人于石经山镌《大般若经》第五百零九卷"。也就是说，这部经终唐一代150余年，共刻了500余卷（其余八十多卷后由辽代补刻完成）。

就这样，历经隋、唐、辽、金、元、明六个朝代，云居寺刻经工程共绵延1039年，镌刻佛经1122部、3672卷、14276块。这样大规模的刊刻，堪称人类文明史上的一大奇迹，其刊刻时间之长，工程之浩大，所刻石经数量之多，佛教经籍之完备，冠绝古今，是稀有而珍贵的世界文化遗产。

这些从公元7世纪至12世纪陆续刻制的石经，分别藏在石经山上9个藏经洞中和压经塔下的地穴中。在日寇侵华战争中，云居寺横遭劫难，毁于战火，只余下了古塔、碑刻等遗迹。幸而深埋于地穴洞中的石刻经版逃避了战火，得以保存。

20世纪50年代，中国佛教协会和有关部门对房山石经进行发掘和整理时发现，藏经洞中的经板，由于历代遭到破坏、盗窃及自然风化等原因，损坏相当严重，而埋在地下藏经穴中的经版，则大部保存完整。

石经的原件现藏在1999年新建的地宫中，地宫为地下窖藏式建筑，内分恒温、恒湿的密闭式石经主藏室和开放式参观廊，留有9个玻璃观察窗口。人们从窗口可清楚地看见上万块石经。按出土时间顺序摆放，分为6层21列。

人们在此还可以看到一些石经的拓片，其书法艺术相当精美。唐代刻经，具有当时书法的优美风格，和唐代几大家的碑刻相比也毫无逊色，其艺术价值之高，受到书法界的称道。从石经中还可以看到我国书法风格的变迁和文字演变情况（如俗写字、异体字、简化字以及武周时期的新造字等）。在雕刻艺术方面，包括造像风格、刻字技巧等，也有许多值得今天借鉴的地方。

今天云居寺石经博物馆作为我国古代佛教文化的宝库，不仅储藏着凝聚十几代人心血的石经，还存放着从别的寺移存来的清乾隆时期的木刻大藏经、明代纸板大藏经，再加上近年来新兴的铝雕板经，使云居寺成为"四经"并存的宝库。

道教刻经始于唐中期，盛于宋、元。刻得最多的为《道德经》、《消灾护命经》，另外还有《阴符经》、《常清静经》等。其中不乏著名书法家书丹，如柳公权书《消灾护命经》等。这里就不做过多介绍了。

 其他宗教刻石

中国古代的绝大部分时间，历代帝国政府对各种宗教信仰基本上持开明和包容政策。宋

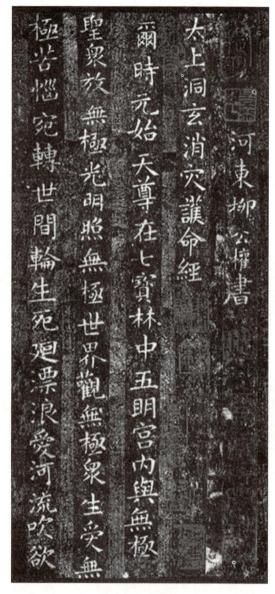

柳公权书《太上洞玄消灾护命经》拓本首页

元以前，我国的对外交往也十分频繁，世界主要宗教在我国的历史都十分久远。除了已经本土化的佛教以外，基督教、伊斯兰教、摩尼教等世界主要宗

教也都在不同的历史时期留下了各自的文化印记，碑刻就是佐证之一。

 1. 景教碑刻

　　唐朝传入中国的基督教称景教。辽、金时代仍流传于北方。一般学者认为，宋元时期，景教随蒙古军力自中亚、内蒙古向东南传播。元代的基督教和天主教统称"也里可温"。随着元朝灭亡，基督教在中国的第一次传播被中断。早期基督教碑刻中最为著名的就是"景教碑"。

　　《景教碑》全称《大秦景教流行中国碑》，于唐建中二年（781 年）由一个名叫景净的波斯传教士篆刻树立，吕秀岩书并题额，立于大秦寺院中。碑高 279 厘米，宽 99 厘米，正面写着"大秦景教流行中国碑并颂"，上有楷书 32 行，每行 62 字，共 1780 个汉字和数十个叙利亚文。碑额上部，由吉祥云环绕的十字架下部的典型的佛教莲花瓣朵，显示出景教开的是中土佛教之"花"，结的是基督教之"果"。

　　碑文内容说的是唐太宗贞观年间，有一个从古波斯来的传教士叫阿罗本，历经跋涉进入中国，沿着于阗等西域古国、经河西走廊来到京师长安。他拜谒了唐太宗，要求在中国传播波斯教。此后唐太宗降旨准许他们传教，景教开始在长安等地传播起来，也有景教经典《尊经》翻成中文的记载。碑文还引用了大量儒、道、佛经典和中国史书中的典故来阐述景教教义，讲述人类的堕落、弥赛亚的降生、救世主的事迹等。碑文虽系波斯传教士撰写，但他的中文功底极其深厚。

　　公元845 年唐武宗下令灭佛后，此碑就莫名其妙地消失了。这中间有关景教碑的情况，史书无一字记载。有的学者做出了这样的推测：景教在 845 年与各种宗教（除道教以外）一起遭禁

景教碑

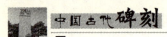

绝，可以推测景教碑是在唐武宗下灭教令后不久，景教徒们把它埋入地下的。明天启三年（1623年）出土时，全碑仍完好无损，也可以证明它不是因建筑物倒塌等自然原因而埋入土中的。

景教碑出土的消息传开后，当时许多西方传教士争相前往拓印。他们把碑文拓片译成拉丁文寄往本国。

当地人怕此碑被他们盗走，秘密地把碑抬到附近的金胜寺内，竖起来交寺僧保管。

清文宗咸丰九年（1859年）武林韩泰华重造碑亭，但不久因战乱碑寺被焚毁，碑石暴陈荒郊。西方一些学者主张将此重要的景教文物运往欧洲保管。1891年欧洲某公使馆请求总理衙门设法保护大秦景教流行中国碑，总理衙门汇出100两银子，但到陕西时只剩下5两，只能草草搭一小蓬遮盖。20世纪初，丹麦人傅里茨·何尔谟出三千金买下此碑，准备运往伦敦。清廷得知，立刻通令陕西巡抚制止，陕西巡抚派陕西学堂教务长王献君与何尔谟协商，最后何尔谟同意废除购买合同，但何尔谟被获准复制一个大小相同的碑模带回伦敦。复制的大秦景教流行中国碑模版，十分逼真，几可乱真。何尔谟回伦敦后又依照大秦景教流行中国碑模版，复制了一批，分派给各国大学和朝鲜金刚山长安寺。

1907年陕西巡抚将《大秦景教流行中国碑》入藏西安碑林安置，现归西安碑林博物馆第二室。

景教碑是研究中、西交通史的珍贵资料，也是缀在丝绸之路这条五彩丝带上的一颗闪闪发光的宝石。

 ## 2. 伊斯兰教碑刻

伊斯兰教于隋唐时代沿丝绸之路传入中国，至元代达到鼎盛，并传播至中国各地。在西北、华北、西南和东南地区都有许多历史悠久的清真寺。其中浙江、江苏等地均有早期清真寺和碑刻存世。但最为著名的还要数济南清真南大寺的伊斯兰教碑刻。

济南清真南大寺是我国最早的著名清真寺之一，也是济南最古老、最宏大、最完整的清真寺建筑群体。元朝济南的清真寺原在历城县历山顶西南处的乌满喇巷中，后因修建运盐司，于1295年迁至现址。刚开始有楹殿数间，主持教务的满喇名艾迪。明正统元年，济南人陈礼任掌教，市地拓基，修建院墙，增建礼拜殿，南大寺始具规模。后经明弘治、嘉靖、万历，清乾隆、嘉庆、道光、同治以及民国年间多次修缮扩建，日臻完善。

南大寺现占地面积6000多平方米，大殿面积1200平方米。建筑风格既仿中国古典宫殿式建筑的宏大威严、典雅端庄，又带有伊斯兰教的以大殿为主体，配建望月楼、班克楼等特有的建筑构造格局，形成了中国特有的，即中国化了的伊斯兰教建筑模式。

济南南大寺不仅是济南历史最为悠久的清真寺，同时，受传统文化的影响，非常注重楹联、碑刻等传统文化遗存，其中现立于南大寺内明弘治的《济南府历城县礼拜寺重修记》，是山东伊斯兰教现保存

济南清真南大寺班克楼

最为完好最早的一块碑刻，它已成为研究山东省以及济南市伊斯兰教史最为可靠的资料之一。此碑可信地证明在元朝，济南市就有清真寺的存在。

另一块作为中国伊斯兰教教理碑的《来复铭》碑，是明嘉靖七年（1528年）济南南大寺掌教陈思撰文。该碑前半部讲真主"锡命圣人"，归结为人之"来"，后半部讲人们"以事其天"，归列到人之"复"，该铭文155字，基本上前半部以四字韵文阐发伊斯兰教关于真主的原始本质和造化万物"大能"的理论，后半部以杂言散文阐明心性之说，铭文以宋明理学为概念，阐发教理，是以儒释伊的典范。

3. 摩尼教碑刻

1988年6月间，福建莆田市涵江一位离休的中学校长陈长城先生在福厦公路附近发现了一块摩尼教碑刻。

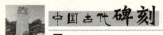
知识链接

摩尼教

摩尼教公元 3 世纪发源于古代波斯萨珊王朝,为波斯人摩尼(Mānī)所创立,摩尼声称自己是神的先知,也是最后一位先知。他的目标是要建立一个世界性的宗教,超越一切宗教传统。

摩尼教的教义受基督教、伊朗祆教和佛教的影响,主张灵魂从肉体上彻底解脱,因而强调禁欲、食素。同时也包括了佛教的转世说和叙利亚的天使说。另外该教反对犹太教,把犹太教视为黑暗神的创造物。

694 年,摩尼教传入中国,至唐宪宗元和元年,唐廷正式接受了摩尼教,在长安建立寺庙,赐额"大云光明寺"。其后足迹遍布长江以南,盛极一时。唐武宗灭佛时,摩尼教也受到打击,开始在民间秘密流传,并改称"明教"。

明初,由于明太祖嫌其教义上逼国号,于是遣散教众,毁其宫,摩尼教从此在中国一蹶不振,逐渐被其他宗教所融合。时至今日,中国境内摩尼教文物与文献存世已不多。

这块碑所在的地方距福州 93 公里,靠近涵江汽车站,石碑是一块长方形的石板,当时平放在公路旁。根据本地的老年人回忆说,这石板曾经倾斜地竖立在一片高约 2~3 米的坡地上,和爬满荆棘的乱坟堆相伴为友,离陈先生发现它的那地方大约有 30 米。坡地约 60 平方米,当中似是房址废墟。在碑原址周围 50~60 米方圆内,未见其他有关遗迹遗物。

此碑型制颇大,尽管上半部断掉并且遗失了,但残存的主体部分仍长 105 厘米,宽 77 厘米,厚 19 厘米。此外,它下面还有一个高 60 厘米、宽 33 厘米的插榫。

碑背面粗糙未加工,应是依墙竖立的。其他三面打制认真,方整平滑;字画雕琢深至,阴刻平底,尚无磨损,锋棱亦未稍减,字体丰腴规矩,雍容庄重。碑正面左、右、下端各有隆起的边框。

现存的碑上刻着 8 个大的汉字：大力、智慧、摩尼光佛。从书法的角度来看这些字刻得既清楚又漂亮。另外，这八个字的上方还依稀可见另外两个汉字的残迹。可推断这两个不完整的字是"明"和"真"。全文当为：（左）"清净光明，大力智慧"，（右）"无上至真，摩尼光佛" 16 字。

在石板的左边也有一行小的汉字，由于太模糊，当时花费了很大的工夫才辨识出来。这一行边款是由 15 个字组成的，"（上缺）都转运盐使司上里场司令许爵乐立"，其中，上、里、司、令四字模糊，细认可辨。通过款书衔名提供了立碑年代的考证资料。

晋江草庵摩尼教遗址保存的摩尼像

根据这一行字，我们就能够推断出石碑设立的大概日期。莆田地区负责征收盐税的官吏原来不叫司令，直到元朝延祐二年（1315 年）才称作司令。而这头衔又于明朝洪武二年（1369 年）被取消了。因此，石碑刻立的日期上限不早于 1316 年，下限不迟于 1369 年。从此推断，摩尼教传入东南地区的时代可能更早。

1988 年 6 月间，笔者在莆田县涵江区福厦公路旁近 93 公里处发现一块古代摩尼教断碑，经拓印、拍照，寄请国内专家鉴定，咸确认为元代前后摩尼教碑刻，而且是世界上现存仅有的一块，价值不可估量。

这一碑刻的发现，经国内研究摩尼教的专家、学者认证后，都认为碑的文物价值不可估量。

其实在位于晋江华表山麓的泉州草庵寺早先也有一块大型摩尼教摩崖石刻，但不幸毁于"文革"期间，仅存摩尼光佛坐像。因此，涵江摩尼教残碑尽管发现较晚，但却成为中国乃至世界上仅有的一块摩尼教碑刻，具有重要的历史意义。

第四节
无 字 碑

上面没有刻画任何字迹的碑，就是"无字碑"。正是因为无字碑上面没有刻写任何内容，反而引发后人无尽的猜想。流传至今的著名的无字碑有如下一些：

 **《乾陵无字碑》**

《乾陵无字碑》位于陕西省咸阳市区西北方五十公里处的乾陵司马道东侧，北靠土阙，南依翁仲，西与述圣纪碑相对，奇崛瑰丽，巍峨壮观。

碑是用一块完整的巨石雕琢而成的，是中国历代群碑中的巨制，高 7.53 米，宽 2.1 米，厚 1.49 米，重量达 98.9 吨，给人以凝重厚实、浑然一体的美感。

碑额未题碑名，只有碑首雕刻了八条螭龙，巧妙地缠绕在一起，鳞甲分明，筋骨裸露，静中寓动，生气勃勃。碑的两侧有升龙图，各有一条腾空飞舞的巨龙，线刻而成，龙腾若翔，栩栩如生。碑座阳面还有线刻的狮马图（或称狮马相斗图），其马屈蹄俯首，温顺可爱；雄狮则昂首怒目，十分威严。碑上还有许多花草纹饰，线条精细流畅，因而这座无字碑历来闻名遐迩。

自秦汉以来，帝王将相无不希望死后能树碑立传，中国历史上唯一一个女皇帝武则天的石碑却没有刻一个字。但是在无字碑的阳面，从上到下刻满了方格子。经考证，这些并不是后人刻上去的，而是树立石碑之时就已经刻好的。这些方格子每个长 4 厘米，宽 5 厘米，排列整齐。只有一种可能，它们就是当初准备在石碑上刻字用的，而且已经准备好了碑文。根据留在碑面

上的格子计算，碑文大约有3300多字。

而对于为何无字，终整个唐朝之始终，官方并没有给出任何解释，于是在民间出现了种种说法。

第一种说法认为，武则天立"无字碑"是用以夸耀自己，表示功高德大非文字所能表达。

第二种说法认为，武则天立"无字碑"是因为自知罪孽重大，感到还是不写碑文为好。比如，武则天以阿谀奉承的手段取得信任，从地位较低的"才人"，爬到掌握大权的皇后，最后窃居皇位。再如，培养党羽、建立宫廷奸党集团，并打着李

乾陵无字碑

唐"朝廷"的旗号，消灭异己。还有，她任用酷吏，实行告密和滥刑的恐怖政策等等。因此武则天无法为自己立传，而只能以"无字碑"来为后世定基调。

第三种说法认为，武则天是一个有自知之明的人，立"无字碑"是聪明之举，功过是非让后人去评论，这是最好的办法。她知道对自己的一生，人们会有各种各样的评价，碑文写好写坏都是难事，因此决定立"无字碑"，由后人去评价。

另外，还有的说法认为：复位的唐中宗李显对武则天无法称谓，是称武则天为先帝呢？还是称其为太后？所以只好不写文字。

还有人认为，唐中宗虽然是武则天的儿子，却曾被废而复立，因而心怀嫉妒，在李唐王朝中插进一个21年的"武周"更是奇耻大辱，为了雪恨，故意立无字碑，让她难堪、出丑。

还有人认为，如何撰写碑文，评价武则天，一直争论不休，由于没完没了，那碑就始终空着。

还有一说，武则天离世后，政局动荡，无人过多关注，待人们重新关注，她的那段历史早已众说纷纭，真假难辨。

宋金以后，开始有游人在无字碑上题字留念。但这些题记缺乏协调和照应，毫无章法。其中唯有1135年女真文字刻《大金皇弟都统经略郎君行记》保存比较完整。女真文字现已绝迹，因此，碑上的文字成为研究女真文字和中国少数民族历史文化不可多得的珍贵资料。

历经元、明、清各代，碑上又镌刻了许多文字，不仅在内容上自然形成了评价武则天的"碑文"，而且在书法上真、草、隶、篆、行五体皆备。

明十三陵诸无字碑

明十三陵在北京昌平县北天寿山，这里山林优美、绿水长流，地下躺着明朝的十三位皇帝，合称明十三陵。其中除明成祖朱棣长陵外，所有陵门前的石碑上都空无一字。

按照常理来讲，历代皇帝归天之后，不管他生前的政绩是好是坏，负责撰写碑文的文官们都要昧着本心写出洋洋洒洒的溢美之词。但是，事情总有不然。明太祖朱元璋作为明朝的开国皇帝，战功显赫，政绩斐然，同时也是个嗜杀的皇帝，许多忠臣良将都死于他手。一天，他似乎突然对自己的行为有所忏悔，希望给子孙们留一个经验教训，便对身边的大臣们说："皇陵碑记都是大臣们的粉饰之文，不能教育后代子孙。"言外之意，是希望自己在盖棺的时候，能有一个比较公正的说法。于是，翰林院的学士们就再不敢写皇帝的碑文了，皇家学者们个个心知肚明，这是个两头不讨好的差事，无论往往先帝的脸上贴金，项上的人头都有搬家的危险。所以，学者们以太祖的"名训"作挡箭牌，将写碑文的任务，推给了嗣皇帝。所以，太祖孝陵的碑文是成祖朱棣撰写的；而成祖长陵的碑文则是仁宗朱高炽写的。

自明仁宗以后，为何嗣皇帝不写碑文了呢？原来从仁宗以后的皇帝，在陵门前都没有碑亭和碑，到了世宗嘉靖时才着手建造碑亭。碑亭落成之后，曾有大臣上书世宗皇帝请他为安眠在天寿山的七位皇帝撰写碑文。可惜这位嘉靖皇帝，一心迷恋仙术，整天想着如何升仙得道，个人生活也不检点，迷

明思宗朱翊钧（万历）定陵无字碑

恋酒色不说，性情也喜怒无常。他整天忙着这些事情，哪里还有心思写什么碑文？

嘉靖以后的各陵，又因祖宗开了无字的先例，嗣皇帝们就更有理由让它们空着了。而最主要的原因在于，明朝中后期的皇帝们多数没什么出息，他们笃信方术，重用宦官，搞得京城上下乌烟瘴气。立一块无字碑，也许更能掩饰一位位帝王的腐败和无能，因而干脆不写了。十三陵各陵碑上虽然无字，却反映着明朝中期以后政治上的腐败。

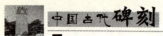
泰山玉皇顶无字碑

泰山玉皇顶无字碑在玉皇顶的大门下，登封台的北边。碑高5.2米，碑身上段稍细，顶上有覆盖，碑色黄白，两面无字。对于这块碑树立的时代和用意，历来有不同说法。

一种说法认为是秦始皇立的，但立碑的原因又有两种说法，一是因秦始皇的功德之大，难以用文字形容，故无字；一是秦始皇"焚书坑儒"后无人会写字了，故无字。当然，这些均无据可考。

另一种说法认为是汉武帝刘彻立的。传说汉武帝登嵩山封祭时，山中突然传出一声"万岁"。汉武帝据此认为是上天赐福汉室，于是便在五岳之首的泰山立碑纪念。又因为"天机不可泄漏"，所以不便直书其事，因此就留下一块无字碑。

当然，也有人干脆说它是石表或石函，根本就不是一块碑。总之种种猜测，只能留予后人评说了。

碑刻的制作、整理、研究与应用

　　刻碑有一定的流程和方法，对于如何保存也有一定的讲究。研究古代碑刻，对了解历史、掌握历史、品味中国古代灿烂文化具有重要意义。我国古代对碑刻的整理、研究、利用，集中表现在碑刻著录和金石学等方面。下面分别加以介绍。

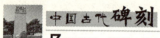

第一节
刻碑的流程与拓碑的方法

 **刻碑的流程**

　　碑刻的制作需要通过摹勒直印上石和镌刻两个主要步骤。

　　在唐代以前，碑刻长期奉行"丹书上石"法，即由善书者直接用朱墨写于预先准备好的涂满黑墨底色的石碑上，以备镌刻。如清代中叶洛阳出土的魏景二年《东武侯王墓碑》隶书，前三行已刻而后一行未刻，出土时即"朱书宛然"。又现存影印本北周《高昌砖集》，其中有一部分就是尚未镌刻的朱书。这种丹朱上石法书写极为困难，难以淋漓尽致地抒发书写者的艺术特色，故唐代以前的碑刻尽管气度豪雄，但细微处难经推敲。

　　南北朝时期随着纸的应用和普及，发明了复制书法真迹的"双勾填廓"法，在此启示下，唐代碑刻艺术家进而发明了摹勒直印上石法。这种方法需要预先将碑面磨光，均匀涂满黑墨，墨上再上一层轻蜡，称为"蜡石"。同时用双勾或双勾填廓本之背面，依照书法真迹墨色的干、湿、浓、淡，细心重复填写好朱墨。然后将摹本朱墨朝下，覆在后，再在上面覆上数层软性毛边纸，然后再覆一层牛皮纸，用光滑的鹅卵石均匀用力研磨，摹本的朱墨直印于蜡石之上，石面乌黑，字色鲜红，刻手即可按此镌刻。这种摹勒直印上石法系善书者和熟练工匠合作完成，其摹勒字体较之书法真迹毫厘不爽。后来法帖的制作，亦采用此法上石或上木。

　　刻工与书写者，在碑帖艺术是不可分割的两个方面，因为笔法字势、点画字形均需凭刻工的高超技艺最后体现在碑帖上。因此，古代的巨碑名帖，均系高手艺人镌刻，其中甚至有很大一部分由书碑者亲自镌刻。如李邕本书写的《岳麓寺碑》和《法华寺碑》，就是由李邕本人镌刻的。因此，中国古代著名碑帖的笔法和刀法，往往是妙合无垠，相映生辉。

拓碑的方法

碑帖是中国独有的国粹，碑帖艺术的创造在中国文化史上具有重要的意义。

碑帖具有很高的艺术价值，它对中国古代书法艺术的发展和繁荣曾经产生过积极的推动作用。古代中国是一个重视书法艺术的文明之邦。早在春秋以前，书法即被列为六艺之一；

昭陵碑林博物馆内景

汉代学童在十七岁之前，必须接受国家书法考试，考试合格后方有入仕机会；隋唐时期实行科举考试后，士人书法的优劣更是直接影响其仕途。因此，中国古代的学人均极为重视书法艺术，为努力提高书艺而终身不懈。在近代摄影术和珂罗版印刷术发明之前，碑帖拓本以其生动逼真的艺术再现能力，复制了古代大批书法真迹，它是人们学习书法的唯一范本。中国古代书法艺术之所以名家辈出，群星灿烂，与碑帖艺术的长期熏陶、广泛应用和交流促进具有密切的联系。碑帖在推动中国书法艺术发展的历史过程中，产生过至关重要的积极作用。

知识链接

珂罗版印刷术

珂罗版印刷，英文称作 Collotype，德文则称其为 Lichtdruck，皆为胶质

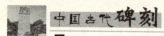
印刷之意。1852 年，英国科学家塔尔博特（William Herry Fox Talbot）发现了经重铬酸盐处理的明胶膜层见光会发生硬化的现象，这是构成珂罗版印刷制版的基础和实践；1855 年，法国人柏德范（A. L. Poitevin）以此为基础，发明了在玻璃板上涂布重铬酸盐明胶感光层的石版印刷新工艺；1865 年德国人 T. Dumotay 又将重铬酸盐明胶感光膜层涂布在玻璃板材之上进行印刷。

1869 年前后，德国慕尼黑的摄影师海尔拔脱（Joseph Albert）发明了一种新的印刷方法，这是一种以玻璃为版基，在玻璃板上涂布一层用重铬酸盐和明胶溶合而成的感光胶制成感光版，经与照相底片密合曝光（晒版）制成印版进行印刷的工艺技术。

珂罗版印刷，技术复杂，印品精良，多用于珍贵图片、绘画、碑帖及文献、照片的印刷。其工艺流程是：原稿、拍摄连续调阴片、修版、准备玻璃板、涂布感光液、干燥、晒版、印刷。

珂罗版印刷传入中国的时间大约在光绪初年，当时上海徐家汇土山湾印刷所首次用珂罗版印刷了"圣母像"等教会图画。同时，英商别发洋行也曾采用珂罗版印刷。由于珂罗版印刷美术书画极其精美，故不久即成为国人常用的字画印刷方法。

碑帖原本具有很高的文物价值，碑帖传拓技术在历史上对中国文化遗产发挥过很好的保护作用。中国是一个具有五千年悠久历史的文明古国。中国与埃及、巴比伦、印度等世界其他文明古国的显著差异，在于其文明的继承性、连续性。这种从未中断的文明体现在中国一脉相承的文字发展和器物发展之中。中国古代的碑帖原本是一个广义的范畴，它既包括镌刻文字的石碑和石帖、木帖，也包括一切具有文字图案的古代器物。因此，在中国古代洋洋大观的碑帖原本丛林中，可谓浓缩着一部五千年的中华文明史。事实上，古今中外研究中国文化的学者，都是从研究碑帖原本着手的。在漫长的历史岁月中，由于自然销蚀、人为破坏和外敌掠夺，中国古代的碑帖原本损失惨重，百不存一。但聪明的古代先贤所发明的碑帖椎拓技术，在一定程度上弥补了这一重大缺陷。许多在历史上被毁灭、被掠去国外的名家书画手迹和珍贵历史文物，幸而在前人拓制的碑帖拓本中得以保存其原貌。假如无碑帖拓本，中国历史将会出现无数的空白；至于唐代及唐代以前的蔡邕、钟繇、张芝、王羲之、王献之、顾恺之、智永、虞世南、欧阳询、褚遂良、王维、张旭、怀素、颜真卿、柳公权等书画大师的作品，今人也无法窥其艺术全貌，或根本就见不到其点滴痕迹。

碑帖的椎拓也是一种高超的技艺。相传拓碑方法秦汉时即已出现，只是缺乏实证。到隋唐时拓工技法甚精，如唐太宗御制的《兰亭序碑》，就是由冯承素拓取成本的。公元 703 年武后命王旦重刻《孔子庙堂碑》后，当时亦是"车马填集碑下，毡拓无虚日"。传统的椎拓方法是先将碑帖洗净风干，再在碑帖上薄薄地刷上白芨水（也可用薄浆水或水蜡），然后将有韧性的棉料纸或宣纸平贴文字上，并用毡包挤按平实，凸出字体轮廓，待字上纸面稍干后，即用不同的拓包依次上墨，先干淡轻打，再反复椎拓，使墨色层层加深，最终成为黑底白字的拓本。由于碑帖新旧滑涩有别以及拓制者的不同要求，拓法、墨色也有差异，这就形成了擦拓与扑拓的不同拓法以及乌金拓、蝉翼拓、朱拓等各式拓本品种。中国古代的著名碑帖大都系帝王或王公大臣督制，椎拓时均精心选择良匠、善纸、佳墨，因此所拓成的纸本或黝黑深沉，精气内蕴，观之令人肃然起敬；或清妍雅致，墨香四溢，赏之令人心旷神怡。

第二节
碑刻的保存与整理

碑刻的保存与 "三大碑林"

我国古代碑刻历来受到文人墨客乃至官方的重视。历代政府均对古代碑刻加以保护。对于一些不便移动的重要碑刻，一般采取就地加盖碑亭的办法原址保护，而对于一些零星发现的碑刻，则尽可能转移到别处集中加以保护。因此在历史上形成了大大小小的"碑林"。延续至今，形成了"三大碑林"。

 ## 1. 陕西昭陵碑林

昭陵是唐代第二任皇帝唐太宗李世民与长孙皇后的陵墓，同时也是我国帝王陵园中面积最大、陪葬墓最多的一座，还是唐代具有代表性的一座帝王陵墓。有陪葬墓180余座，主要有长孙无忌、程咬金、魏征、温彦博、段志玄、高士廉、房玄龄、孔颖达、李靖、尉迟敬德、长乐公主、韦贵妃等墓，还有少数民族将领阿史那社尔等15人之墓。

昭陵碑林是以昭陵陪葬墓前所立的墓碑及部分陪葬墓出土的墓志铭为陈列展品，还有少量跟昭陵有关的唐、宋、明、清各代的碑石。跨越五个朝代，其上限为贞观十一年（637年），下限为清乾隆四十九年（1784年），历时1147年。多是陪葬者葬时所作，其记事的真实性与可信性，是后代史书所无法比拟的，或证史书之说，或纠史书之谬，被誉为"会说话的文物"，具有极

昭陵碑林博物馆内景

高的历史价值。

昭陵碑石撰者有唐初知名文人岑文本、上官仪、令狐德棻、许敬宗、李义府、于志宁、崔行功、郭正一等，书者有高宗李治、欧阳询、褚遂良、殷仲容、王知敬、高正臣、畅整、于立正等，可谓撰、书皆名流，文、字俱佳品，具有极高的观赏性。

昭陵碑林形成于 1975 年，当时收集碑石 42 通，展示墓志 40 余件，其精品、名品率均在 60% 以上。42 通碑石中 22 通名列 1979 年国家文物局公布的"全国第一批书法艺术名碑名单"；馆藏 46 合墓志，26 合为一级品。后经不断扩大增加，藏石日益增多，目前昭陵碑林是拥有唐代书法名碑最多的专题碑林。

2011 年 4 月 26 日，经过三年时间重建，昭陵碑林重新对外开放。整个建筑肃穆大气，展陈形式也由原来的依靠自然光线改为现代化的展示形式，图文并茂，雅俗共赏，新增展出面积 300 平方米，在原展陈基础上增加了近年出土的唐太宗第七子蒋王妃元氏墓前题记石柱、阿史那忠墓镇墓石、十四国蕃酋长题名像座和新城公主、长乐公主墓志，临川公主墓出土石刻诏书等 40 余件石刻文物，一件件栩栩如生的石刻将带领参观者进入那个民族团结、和睦共处的繁华时代。

 2. 陕西西安碑林

西安碑林坐落于著名古城西安市三学街（因清代的长安学、府学、咸宁学均设在这里而得此名）。它于北宋二年（1078 年）为保存《开成石经》而建立。900 多年来，经历代征集，扩大收藏，精心保护，入藏碑石近 3000 方。现有 6 个碑廊、7 座碑室、8 个碑亭，陈列展出了共 1087 方碑石。

博物馆的各陈列室，以棂星门中门为主轴线，自南而北对称排列。前半部为临时性专题陈列室，自轴线正中有"碑林"匾额的碑亭以北为碑林陈列室，西侧为石刻艺术室。

西安碑林能较完整地保存到现在，是与清代乾隆年间陕西巡抚毕沅的贡献分不开的。宋代时，由于无人管理，珍贵的汉唐碑碣有的被人用做砖甓，

陕西西安碑林展室内景

有的用于修桥，遭到人为的破坏。元代时，碑林的碑石曾两次全部跌倒。明嘉靖三十四年（1555 年），陕西发生 8 级大地震，碑林里的大量碑石因摔碰而断裂。清乾隆三十七年（1772 年），毕沅率同僚到碑林视察，只见房屋倒塌，碑石横卧于荆榛瓦砾之间，环顾四周，满目荒凉，这使他十分震惊和痛心。他与同僚合议，采取修整房屋，整理石碑，编目著录，组织石刻陈列，建立管理机构和保管制度等措施，重修和保护碑林。毕沅对金石文字有浓厚兴趣，他为保护珍贵文物作出了重要贡献，很值得赞赏。

3. 山东曲阜孔庙碑林

曲阜孔庙坐落在山东省曲阜城内，其建筑规模宏大、雄伟壮丽、金碧辉煌，为我国最大的祭孔要地。孔子死后第二年（公元前 478 年），鲁哀公将其故宅改建为庙。此后历代帝王不断加封孔子，扩建庙宇，到清代，雍正下令大修，扩建成现代规模。庙内共有九进院落，以南北为中轴，分左、中、右

曲阜孔庙奎文阁十三碑亭一角

三路，孔庙纵长 630 米，横宽 140 米，占地 21.8 公顷，有殿、堂、坛、阁 466 间，门坊 54 所，古树 1250 株，还有被誉为艺术精品的历代碑刻 2000 余块。孔庙内的圣迹殿、十三碑亭及大成殿东西两庑，陈列着大量碑碣石刻，特别是这里保存的汉碑，在全国是数量最多的，历代碑刻亦不乏珍品，其碑刻之多仅次于西安碑林，所以它有我国第二碑林之称。

圣迹殿是以保存记载孔子一生事迹的石刻连环画圣迹图而得名的大殿。此殿位于寝殿之后，独成一院，是孔庙最后的第 9 进庭院。殿系明万历二十年（1529 年）巡按御史何出光主持修建的。孔庙原有反映孔子事迹的木刻图画，他建议改为石刻，由杨芝作画、章刻石，嵌在殿内壁上，这就是为数 120 幅的"圣迹图"。圣迹图每幅约宽 38 厘米，长 60 厘米，其所表现的圣迹从颜母祷于尼山生孔子，到孔子死后子弟庐墓为止，并附有汉高祖刘邦、宋真宗赵恒以太牢祀孔子二幅。其中有人们熟知的"宋人伐木"、"苛政猛于虎"等孔子一生的主要活动和言论，是我国第一本有完整人物故事的连环画，具有很高的历史价值和艺术价值。

圣迹殿内，迎面是清康熙皇帝手书"万世师表"石刻。字下正中为唐代大画家吴道子画的"孔子为鲁司寇像"。左边是晋代名画家顾恺之画的"先圣画像"，习称"夫子小影"。据说"小影"在孔子像中最真，最接近孔子原貌。孔子四十八代孙孔端友于宋绍圣二年（1095 年）摹勒上三石。右边是吴道子画的"孔子凭几像"，孔子按几而坐，弟子分侍左右，孔子四十六代孙孔宗寿于宋绍二年翻刻石上。在这些画像上，有宋太祖、宋真宗等皇帝的御赞，有宋代绍圣、政和等年号和题跋。殿内还有宋代书法家米芾篆书的"大哉孔子赞"，还有清康熙、乾隆皇帝的御制碑。

奎文阁为孔庙的第 6 进庭院，院落狭长，矗立着 13 座碑亭，南 8 北 5，两行排列，斗栱飞翘，檐牙高啄，黄瓦耀金，鳞次栉比。十三碑亭专为保存封建皇帝御制石碑而建，习称"御碑亭"。亭内存碑 55 幢，是唐、宋、金、元、明、清、民国七代所刻。碑文多是皇帝对孔子追谥加封拜庙亲祭、派官致祭和整修庙宇的记录，由汉文、八思巴文、满文等文字刻写。

道北 5 座碑亭建于康熙、雍正、乾隆年间，道南的 8 座亭中，4 座为金、元建筑，东起第三、六座为金明昌六年（1195 年）所建，第四座为元至元五年（1268 年）所建，第五座为元大德六年（1302 年）所建，其余 4 座为清代所建。两座正方形的金代碑亭，斗栱豪放，布置疏朗，是孔庙现存最早的建筑。

知识链接

儒门四圣与"通天谱"

儒门四圣指的是孔丘、孟轲、颜回与曾参，他们都是中国儒家学派的著名代表人物。孔子是春秋时期儒家学派的创始人。孟轲是战国时期儒家学派的代表人。颜回与曾参都是孔子的弟子。

作为儒家学派的四大代表，他们历代享受祀奉，明嘉靖九年（1530年），皇帝下诏定孔子为"至圣先师"，颜回为"复圣"，曾参为"宗圣"，孟子为"亚圣"，共享于孔子庙堂。

清乾隆九年二月十七日，乾隆皇帝赐给孔府的30个字作为行辈，凡孔氏家族从孔子56世孙开始，都要遵照30个字行辈取名。同时鉴于"四圣"在学术上的渊源关系，故准许四家子孙皆以相同的字排辈，因此这份家谱被称为"通天谱"。这30个字及世次如下：

56世至65世：希言公彦承，弘（宏）闻贞尚胤（衍）。

66世至75世：兴毓传继广，昭宪庆繁祥。

76世至85世：令德维垂佑，钦绍念显扬。

到了民国九年（1920年），孔子第七十六代孙"衍圣公"孔令贻，上报民国政府批准继30个字后，又向后续了20个字。这20个字及世次是：

86世至95世：建道敦安定，懋修肇彝常。

96世至105世：裕文焕景瑞，永锡世绪昌。

一般认为四姓同字者皆同辈。但也有一种说法认为，同字辈下，孔姓要比其他三姓高一辈。另外，以孔门弟子为先祖的卜（卜商）、闵（闵子骞）、冉（冉有）、端木（端木赐）四姓的一些后裔也有用这份"通天谱"排辈的。

碑亭中最早的是两幢唐碑，一幢是立于唐高宗总章元年（668年）的"大唐赠泰师鲁先圣孔宣尼碑"，一幢是立于唐玄宗开元七年（719年）的

"鲁孔夫子庙碑"，皆位于南排东起第六座金代碑亭中。最大的一幢石碑是清康熙二十五年（1686年）所立，位于北排东起第三座碑亭内。这块碑约重35吨，加上碑下的赑屃、水盘，约重65吨。这块石采自北京的西山，在当时的技术条件下，能将此碑安然运抵千里之外的曲阜，不能不使人惊叹。

此院的东南、西南部，各有一片丛林似的碑碣。北墙朱栏内还镶着大量刻石均为历代帝王大臣们修庙、谒庙、祭庙后所刻。如从书法艺术上来看，真草隶篆，各有千秋。另有几座石碑从侧面记载了元末红巾军、明代中期刘六及刘七、明末徐鸿儒等农民起义的情况，是研究农民革命历史难得的珍贵史料。

大成殿东西侧的两庑，是后世供奉先贤先儒的地方，配享的贤儒大都是后世儒家学派中著名的人物，如董仲舒、韩愈、王阳明等。在唐朝仅有20余人，经过历代增添更换，到民国时，多达156人。这些配享的人原为画像，金代改为塑像，明成化年间一律改为写有名字的木制牌位，供奉在一座座的神龛中。现在两庑中陈列着历代石刻。

其中东庑保存着40余块汉、魏、隋、唐、宋、元时的碑刻，最为珍贵的是"汉魏北朝石刻"共22块。西汉石刻，首推"五凤"；东汉石刻，以"礼器"、"乙瑛"、"孔宙"、"史晨"碑为隶书珍品；北朝以"张猛龙"碑为魏体楷模。

西庑内陈列的100多块"汉画像石刻"，也是久负盛名的艺术珍品。这些石刻，内容丰富，既有神话传说中的青龙、白虎、朱雀、玄武，又有反映当时社会生活的捕捞、歌舞、杂技、行医、狩猎，是研究我国汉代社会生活的珍贵资料。石刻的技法，有的细致精巧，有的粗犷奔放，各具风格。

两庑北部陈列的584块"玉虹楼石刻"，是清乾隆年间孔子后裔孔继涑收集了历代著名书法家的手迹临摹精刻而成的。这些石刻原被弃置在曲阜"十二府"的玉虹楼下，1951年移入孔庙，1964年装镶展出，供书法爱好者欣赏。

除三大碑林之外，台湾高雄南门碑林、四川西昌地震碑林也颇有盛名。至于各种碑刻博物馆、石刻艺术馆等机构的建立，则正兴未艾。相信随着文化事业的不断繁荣，我国古代的碑刻将得到更好的保护。

碑刻的整理与研究

我国古代对碑刻的整理、研究和利用，集中表现在碑刻著录和金石学等方面。

自从秦"刻石"出现后，《史记》就加以著录。汉"石经"刻就后，《后汉书》、《洛阳伽蓝记》等曾予以记载。北魏郦道元《水经注》引用汉、魏石刻资料达120块。南朝梁时更有集录碑文之《碑英》120卷问世，现虽不传，实开石刻专著之先河。唐代先秦石鼓文出土，记述与研究风气大盛。

宋代则形成专门学问"金石学"，《集古录》、《金石录》等大部著作不断问世。据不完全统计，宋之金石学家至少达61人，金石学著作增至89种。元明时期整理研究工作虽未间断，但成就平平。清时则有长足的发展，出现金石学研究的高潮，目录、通纂、研究概论之书，均有佳作。吴式芬《攈古录》收夏、商、周三代至元的碑目18000余种，成书20卷，是有目录以来最丰富者。钱大昕《潜研堂金石文字跋尾》，考订精卓，超越前贤，是当时金石

山东泰山岱庙

著作中之最佳者。王昶《金石萃编》，收三代至金之金石1500余种，集目录、铭文、跋尾之长，通纂于一书，可谓集金石著录之大成。

知识链接

赵明诚与《金石录》

赵明诚（1081—1129），字德甫，密州诸城（今山东诸城龙都街道）人，宋徽宗崇宁年间宰相赵挺之之第三子。著名金石学家、文物收藏鉴赏大家及古文字研究家。赵明诚21岁尚在太学读书时，娶李清照。崇宁四年（1105年）十月授鸿胪少卿。大观元年（1107年）三月，赵挺之去世，遭蔡京诬陷，被追夺赠官，家属受株连。赵明诚夫妇从此屏居青州乡里13年。宣和年间赵明诚先后出任莱州、淄州知州。宋高宗建炎元年（1127年）起知江宁府。宋高宗建炎三年（1129年）移知湖州，未赴，病逝于建康。

赵明诚自幼喜好金石之学，与李清照结婚后，对金石学志趣更是有增无减，日趋痴迷。屏居青州与出守莱州、淄州时期，是赵明诚、李清照夫妇相濡以沫共研学问的最美好的时期，也是赵明诚金石事业最有成就的时期。

从大观二年（1108年）至宣和三年（1121年），赵明诚曾四游仰天山，三访灵岩寺，一登泰山顶，或题名，或拓片，获得了大量的碑文资料。经过多年的亲访广集，在李清照帮助下，赵明诚完成了《金石录》的写作。全书共30卷。前10卷为目录，按时代顺序编排，著录所藏金石拓本，上起三代下及隋唐五代，共2000种；后20卷就所见钟鼎彝器铭文款识和碑铭墓志石刻文字，加以辨证考据，对两《唐书》多作订正。此书是继欧阳修《集古录》之后，规模更大、更有价值的金石学研究专著，是研究古代金石刻必资之书。

从性质来说，前代碑刻论著有以下几大类别：

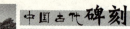

1. 通伦类

清代叶昌炽的《语石》是此类代表作。全书共十卷，条理清晰，文辞优美。民国时期故宫博物院院长马衡编著的《中国金石学概要》，本为马氏在北京大学授课的讲义，识见高卓，为近代金石学奠基之作。

2. 目录类

代表作有清代孙星衍、邢澍《寰宇访碑录》和清代赵之谦《补寰宇访碑录》。二录虽有错误，但却通行易得。晚清缪荃孙《艺风堂金石文字》在精博方面远胜前者。民国时期，罗振玉编有《墓志征存目录》。

3. 题跋类

清钱大昕《潜研堂金石文字跋尾》并续、又续、三续为此类代表。另外还有同时抄录碑文并加题跋的，以清代王昶《金石萃编》为代表；后清陆耀遹有"续编"、清方履籛有"补正"等作。

此外，还有图录、拓本汇编以及词典等其他工具书。

近现代以来，随着印刷技术的发展，碑刻著作编辑的各方面都取得巨大成就。较大型的资料汇编有《北京图书馆藏中国历代石刻拓本汇编》等；对一地或一个方面进行研究者则有《云南古代石刻丛考》、《石门摩崖刻石研究》等。

专门研究碑刻的专著也有许多，如鉴定拓本的《增补校碑随笔》，介绍石刻的《石刻叙录》、《西安碑林书法艺术》等书。

第四章

先秦两汉时期的著名书法碑刻

　　先秦是中国碑刻的萌芽期，数量不多，文字短少，内容简单，形制不定。"石鼓文"、"监囿守丘刻石"等为其代表。秦和西汉的碑刻也处于品种单一、文字短少阶段。

　　小篆虽然是秦代由国家规范的正体文字，但它并没有摆脱古文字线条繁复、体势拘束的格局，不便书写，而秦汉时期一般用于匾额和简策，刻石很少见。由于秦王朝的国祚很短，小篆也随着结束了它的历史使命。隶书到了汉代却蓬勃地发展起来，中国书法史从此便进入以碑刻为主的汉隶大盛的时代。

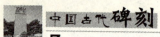

第一节
先秦著名书法碑刻

先秦时代，识字的权力尚掌握在少数贵族手中，书法尚未上升为一门艺术，因此这一时期碑刻的数量极其有限。到目前为止，中国所发现的先秦碑刻文字真正可信的仅有商代的《商代石簋》和《妇好墓石磬刻字》，东周时期的《河光石铭》和《石鼓文》，秦代的《峄山刻石》、《耶琊台刻石》、《泰山刻石》等寥寥数种。不过，先秦时期所遗留的碑刻文字虽少，但艺术起点很高。

先秦石刻

1. 安阳商代石簋断耳

石簋断耳发现于河南安阳西北岗 1003 号墓。这座墓为商王一级的大型贵族墓葬，有的学者认为是晚期商王帝乙（倒数第二代商王，为商纣王之父）之墓。在这座墓中，考古学家发现了一个石簋的断耳，刻有 12 字。其字迹刀法，锋棱劲挺，起止有序，与甲骨文刀法如出一辙。

2. 妇好墓石磬刻字

这块石磬出于殷墟妇好墓。妇好是商王武丁的妻子。石磬上有"妊冉入石"字样，刻写笔画纤细，婉转隽秀。

秦代刻石

秦始皇统一中国后，五次出巡，省视河北、山东、浙江等地时所刻。据《史记》所载共有七处，分别名为"峄山"、"泰山"、"琅琊"、"芝罘"、"东观"、"碣石"、"会稽"刻石。内容皆是颂秦始皇统一天下的功绩，但各有其侧重点；后来又附上了秦二世追加的诏书。

所有刻石均为秦丞相李斯所写的小篆。先由李斯书丹上石，其笔画如铁石，体若飞动，后尊为小篆正宗。这是在秦始皇统一六国以后李斯倡议统一、整理过的文字，也是中国文字首次有确定的书体名称。

1. 琅琊台刻石

琅琊台刻石原在山东诸城东南百六十里山下，东南西三面环海。至宋代苏轼为高密太守时，始皇原文已泯灭不存，仅存秦二世元年所加诏文。清乾隆年间，泰州知县官懋让见石刻开裂，熔铁绑束，得以不散；至道光年间，铁束破散，石碎。知县毛澄筑亭覆于碎石上。至光绪廿六年（1900年）四月前后一次大雷雨，此石毁失。至1921至1922年，王培裕前后两次到琅琊台搜寻，将散碎石块（所幸伤损很少）便移置县署存放。新中国成立后移置山东博物馆。1959年入藏当时的中国历史博物馆（现为国家博物馆），现存原石13行，计86字。另外世传明拓本，存13行，每行8字。

2. 泰山刻石

泰山刻石四面广狭不等，原本共刻字22行，每行12字，共222字。其中秦始皇刻文144字，二世刻辞78字。宋政和四年（1114年）刻石在岱顶玉女池上，可认读的尚有146字。明嘉靖年间，北京许某将此石移置碧霞元君宫东庑，当时仅存二世诏书4行29字。清乾隆五年（1740年）碧霞祠毁于火，刻石遂失。嘉庆二十年（1815年），泰安旧尹蒋因培在山顶玉女池中搜得残石2块，尚存二世诏书10个字，其中一字残缺。遂将残碑嵌于岱顶东岳庙壁上。道光十二年（1832年），东岳庙墙坍塌，泰安知县徐宗干"亟索残石于瓦砾中"，嘱道人刘传业将残石移到山下，嵌置在岱庙碑墙内。光绪十六年

会稽刻石遗址

（1890 年），石被盗，县令大索十日，得石于城北门桥下，后重置于岱庙院内。宣统二年（1910 年）知县俞庆澜为防刻石遭风雨剥蚀，在岱庙环咏亭造石屋，将刻石嵌于石屋内，周围加铁栅栏保护。1928 年迁刻石于岱庙东御座内，修筑一座门式碑龛垒砌其中。建国后，于碑龛正面镶装玻璃保护。

 ## 3. 峄山刻石

秦峄山刻石原本 11 行，行 21 字。北宋太宗时期已经不可访得。太宗淳化四年（993），郑文宝据南唐徐铉摹本（相传底本为李阳冰重写）重刻于长安。元至正元年（1341 年），绍兴路总管府推官申屠駉又以其他秦刻石校徐摹本，重镌于所摹会稽刻石碑之阴，立石于府学宫（今绍兴稽山中学）稽古阁。另有明拓长安本存世。

会稽刻石至南宋高宗绍兴年间虽存，但字迹已磨灭殆尽。元至正元年，申屠駉以家藏旧本摹刻成碑，并在碑阴增刻峄山石刻的复制品。清代康熙年间，碑阳申屠氏复刻的会稽刻石再度被石工磨损。乾隆五十七年（1792 年），绍兴知府李亨嘱钱泳以申屠氏本双钩上石重刻，立于府学宫原处，共有 12 行，每行 24 字。此石载上述两通石刻，于 1887 年移置于大禹陵碑廊内，此处现属浙江省绍兴市经济技术开发区稽山街道大禹陵风景区（原越城区禹陵乡禹陵村）管辖。

至于其余三石，已完全湮灭无闻。

泰山刻石的书法严谨浑厚，平稳端宁；字形公正匀称，修长宛转；线条圆健似铁，愈圆愈方；结构左右对称，横平竖直，外拙内巧，疏密适宜。而琅琊台刻石结体的圆转部分比泰山刻石更圆活。

两汉是中国书法艺术的初创时期，与此相适应，碑刻艺术亦得到初步繁荣。西汉时期的存世碑尚为数不多。这些碑刻上的文字或沿袭秦篆，或篆隶相杂，非篆非隶，或虽为隶书，但笔画简直无波澜，字口微带篆意。

西汉时期的碑刻无论是篆书还是隶书，均结体严密，笔势方正，具有很高的艺术成就。这是研究中国古代汉字字体由秦篆过渡到汉篆、再到汉隶的重要实物资料。同时也为后代书法家在书法变体中参考古文演绎提供了很好的启示。

东汉时期由于九品中正制的推行，树碑立传之风盛行，遗存的碑刻也为数众多。

东汉前期的隶书碑刻和刻石，由于它是承袭了西汉末期的书风，所以其笔画无波势和有波势的两种风格并存。如东汉初年的石刻，虽是东汉时代的石刻，与西汉时期的隶书相近，外形扁方，笔画简直，虽与篆书大不相同，但与西汉的隶书很是相似。

到了东汉中期以后，由于当时树碑的风气很是盛行，石刻渐多。这时期的汉隶比起东汉初期，其点画波磔显明，已完全脱离了篆意，已变为纯粹的隶书了。

西汉石刻

碑在西汉时极为罕有。现在可以看到确定为西汉的石刻数量极少，仅有10余种，均文字短少、内容单调。成帝以前的一些刻石中，以篆书为多，但隶书和篆书已经并列使用，或者说是已掺杂使用。

其中主要属于小篆的有：

《群臣上醻刻石》［西汉后元六年（前158年）］。道光年间发现于河北永年县。

《鲁灵光殿址刻石》［西汉中元元年（前149年）］。1941年于山东曲阜城东北汉代兽灵光殿遗址出土。

《霍去病墓左司空刻石》（西汉武帝中期）。1957年发现于茂陵霍去病墓石兽雕刻上。

《甘泉山刻石》，又名《广陵中殿石题记》（西汉武帝至宣帝时期）。清嘉庆十一年阮元在江苏扬州甘泉山发现。

《九龙山封门刻石》（西汉中晚期）。1970年出土于山东曲阜县九龙山，现藏曲阜碑林。

《居摄两坟坛刻石》，包括《祝其卿坟坛刻石》和《上谷府卿坟坛刻石》［王莽居摄二年（公元7元）］。原在孔林子思墓前，清雍正二年移置孔庙两斋宿保护，现藏曲阜碑林。最早记载于宋赵明诚《金石录》。

《郁平大尹冯君孺久墓题记》［新莽天凤五年（公元18元）］。1978年出土于河南省唐河县，现藏南阳市博物馆。

这些西汉石刻中的篆书，尤其是西汉初年的石刻，总体上来说仍然承袭秦代小篆的书法传统，又带有汉篆体方、笔挺、结法密的特点。西汉中期以后的篆书刻石大多粗糙、简率。书风已不同程度地受到隶变大潮的浸染，带有较浓的隶意。这些都与秦代小篆刻石的精密、规整形成鲜明的对照。

此外，新莽时的《郁平大尹冯君孺久墓题记》由九处刻石组成，字数多达八十四字，为这一时期篆书刻石字数之冠。与其他简率刻石的不同之处是，该石所刻篆书屈曲盘绕，具装饰之美，与当时流行在印章和署书中使用的"缪篆"为同一系统。

尽管这些刻石的字数不多，但是它是研究我国汉字字体演变的重要实物资料；同时，它的书法艺术成就很高，成为我国西汉隶书碑刻的代表作。

其中有代表性的为鲁灵光殿址刻石。

鲁灵光殿址刻石又称"（鲁）北陛刻石"，西汉中元元年（公元前149年）刻。石灰岩质。宽95厘米，高42厘米，厚19.5厘米。正面刻浅浮雕璧纹，侧面刻几何纹。文字刻于一端，4行9字："鲁六年九月所造北陛。"书法拙朴高浑。此石出土于1941年，系日本考古学家在曲阜周公庙高地非法发

鲁灵光殿址刻石刻字一端

掘地下文物时发现，运往日本途中至北京时被截留，藏于北京大学。1980年归藏曲阜孔庙。

其中的"鲁六年"为西汉鲁恭王六年。汉景帝三年（公元前154年），封其子刘余为鲁王。刘余好治宫室，曾在曲阜建灵光殿。

鲁灵光殿址刻石虽为篆书，但已带有较浓的隶意，如其中的"月"字。

主要属于隶书的有：

《霍去病墓霍臣孟文字刻石》[西汉武帝中期，霍去病卒于元狩六年（前117年）]。此刻石铭文与同墓镇墓石兽浑然一体，风格雄健古朴，气格博大。

 知识链接

霍去病

河东平阳（今山西临汾西南）人，是平阳公主府的女奴卫少儿与平阳县小吏霍仲孺私通后生下的儿子，父亲并不敢承认她们母子的身份。大约在霍去病刚满周岁的时候，卫少儿的妹妹卫子夫被汉武帝封为夫人，仅次于皇后。卫家的大姐卫君孺则嫁给了太仆公孙贺。她们的弟弟卫青被任命为建章监，还与长兄卫长君一起加官侍中。霍去病的命运也和卫家的命运一起发生了转机。

在汉武帝讨伐匈奴的战争中，卫青很快脱颖而出。少年霍去病在舅舅的影响下，18岁领兵作战就建立了极大的功勋。此后他先后六次出击匈奴。22岁那一年，他率部奔袭两千多里，一路追杀匈奴，来到了狼居胥山（今蒙古国肯特山一带），进行了祭天地的典礼。之后，霍去病继续率军深入追击，一直打到瀚海（今俄罗斯贝加尔湖）才收兵。从此，"匈奴远遁，漠南无王庭"。因屡建奇功，汉武帝封他为冠军侯、骠骑将军。元狩六年（公元前117年），霍去病病逝，年仅24岁。

卫少儿后来嫁给詹事陈掌（西汉开国功臣陈平的曾孙），直到儿子少年有成，她才告诉霍去病他的身世。霍去病在出征的途中专程看望了自己的生父霍仲孺，并把同父异母弟弟霍光带回长安，悉心栽培。霍光后来得到武帝重用，是武帝临终时的托孤重臣，并成为历西汉武、昭、宣三朝的一代名臣。

《五凤二年刻石》一名《鲁孝王泮池刻石》 [汉宣帝五凤二年（前56年）]。金明昌二年（1191年）因修理孔庙，于鲁灵光殿址钓鱼池石块上发现。其为西汉刻石中艺术价值较高者，布局自然，略见汉简笔意。现藏曲阜孔庙东房碑石陈列馆。该石字体属于篆书向隶书过渡的字体。

《巴州民杨量买山地记》[西汉地节二年（前68年）]。相传于道光年间在四川发现。石毁于咸丰十年（1860年）。

《麃孝禹刻石》 [西汉成帝河平三年（前26年）]。清同治九年（1870年）于山东费城平邑镇出土，现藏山东省博物馆。此刻石与西汉其他隶书刻石不同，已见清晰的波挑笔意，然刻工不精。

《莱子侯刻石》[新莽天凤三年（公元16年）]。清乾隆五十七年（1792年）王仲磊发现于山东邹县卧虎山下，现藏于山东曲阜孔庙。此刻石用刀犀利，结字方峻，颇类汉代金文风采。字体笔画简直，属于没有波势的隶书。

以上这些西汉的隶书刻石虽形构已脱去篆书遗意而完全隶化，但大多波磔不明，与以后精美的东汉隶书碑刻相比较，仍具有"原始美"的特征，即书法界一般称说的"古拙、浑穆"。而且由于当时刻工在雕刻时也仍然沿用着篆书时代的刀法，因此看起来多少还兼有篆书的遗意。

东汉碑刻

东汉早期隶书碑刻仍然保留着西汉隶书碑刻的基本特点。

《三老讳字忌日记》（东汉早期）。清咸丰二年（1852年）于浙江余姚县客星山下出土，石在东汉建武二十八年（52年）后数年立，现藏于杭州孤山西泠印社。此刻石无明显波磔，表明当时的多数刻工还无法在雕刻中再现隶书已成熟起来的笔法，因此也可以看到刻石铭辞的风气至东汉初期尚未形成。

《大吉买山地记》［东汉建初元年（76年）］，摩崖刻石，每字字径为16～17厘米，最大者为23厘米，是汉代字迹最大的刻石。清道光三年（1823年）于浙江会稽跳山（又名乌石山）发现。此刻石章法茂密，方中寓圆，笔画厚重而古拙。

《侍廷里父老买田约束石券》［东汉建初二年（77年）］，1973年出土于河南省堰师县，现藏于该县文物管理所。石面为未经研磨的自然平面，铭文多达213字，为东汉初期罕见之长文。此刻结字重心较低，朴实无华，虽于刀刻中可见分书的波挑笔法，但是沉厚不扬，隶意尚不明显。

汉顺帝以后，碑刻种类增多，文字加长，内容更加丰富多彩。在种类上已发展为刻石、摩崖、碑、石经等多类并存；其数量至少有300种以上；在字数上，上千字的丰碑巨碣屡见不鲜；内容上更是异彩纷呈。如《裴岑纪功碑》刻于东汉顺帝永和二年（137年），记述敦煌太守裴岑战胜匈奴呼衍王的事迹。

到了东汉桓、灵时期（147—189年），隶书定型化，即汉隶已到了完全成熟的时期。这个时期，

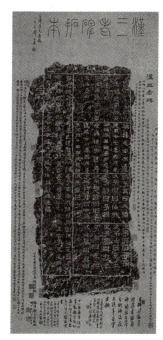

《三老讳字忌日记》全拓

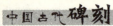

汉碑的精华，包括笔法、结体、风韵和格调，属于大力加工更绚烂的时期。因而书法日趋精巧了，这种书法为森严的官定标准书体，成为汉隶的极盛时期。并且遗留下许多碑版，直至现在还陆续有所发现。

东汉后期最重要的隶书碑刻有：

1. 乙瑛碑

《乙瑛碑》全名《汉鲁相乙瑛请置孔庙百石卒史碑》，东汉永兴元年（153 年）立。碑高 261.7 厘米，宽 123.3 厘米，18 行，满行 40 字，无额。原存山东曲阜孔庙，现置曲阜碑苑。碑文记述汉鲁国相乙瑛请求于孔庙置百石卒史执掌祭祀的往返公文以及对乙瑛的赞词。

《乙瑛碑》全拓

《乙瑛碑》书体是汉隶中有数的逸品，字势开展，古朴浑厚，俯仰有致，向背分明。特别是后半段，采取笔杆倒向左侧的逆向行笔，使每一点画入木三分，扣得很紧，尤为高妙。《乙瑛碑》的结字看似规正，实则巧丽，字势向左右拓展。书风谨严素朴，为学汉隶的范本之一。该碑与《礼器碑》、《史晨碑》共同被誉为孔庙著名三碑。

此碑历来印本有：艺苑真赏社珂罗版二种、有正书局石印陶斋藏本、文明书局珂罗版印王孝禹题记本、日本二玄社所辑本、日本清雅堂珂罗版印本等，其中，古物同欣社委托中华书局代印、王懿荣旧藏明中叶拓本为最佳。

2. 礼器碑

《礼器碑》全称《汉鲁相韩敕造孔庙礼器碑》，又称《修孔子庙器表》、《韩明府孔子庙碑》等。东汉永寿二年（156 年）立。碑身高 1.5 米，宽 0.73 米，四面皆刻有文字。碑阳 16 行，满行 36 字，碑阴 3 列，列 17 行；左侧 3 列，列 4 行，右侧 4 列，列 4 行。现存山东曲阜孔庙。碑文记述鲁相韩敕修饰孔庙、增置各种礼器、吏民共同捐资立石以颂其德事。碑侧及碑阴刊刻捐资立石的官吏姓名及钱数。

《礼器碑》书法瘦劲宽绰，笔画刚健，用笔力注笔端，如干将莫邪，锋利无比。其结体寓欹侧于平正中，含疏秀于严密内，历来被奉为隶书极则，所传拓本很多。

3. 鲜于璜碑

《鲜于璜碑》全称《汉故雁门太守鲜于璜碑》，东汉延熹八年（165 年）十一月立。1972 年 5 月于天津武清县高村出土。碑呈圭形，高 242 厘米，宽 83 厘米。隶书。碑阳 16 行，行 35 字，有界格；碑阴 15 行，行 25 字，有界格。共 827 字。额阳文篆书 10 字。通碑字迹清晰，是新中国成立以来发现的最为完整的汉碑，现存天津市历史博物馆。阳文记雁门太守鲜于璜生平简历，碑阴述其家族世系。

碑阳书风方整朴厚，笔法方圆结合。碑阴字大小不一，不甚工整，参差错落，已接近六朝"两爨"书风，真率稚拙。

4. 史晨碑

《史晨碑》又名《史晨前后碑》，全称《鲁相史晨奏祀孔子庙碑》。碑两面刻，通高 207.5 厘米，碑身高 173.5 厘米，宽 85 厘米，厚 22.5 厘米，无碑额。现存山东曲阜孔庙。前碑刻于东汉建宁二年（169）三月。17 行，行 36 字。末行字原掩于石座中，旧拓多为 35 字，新拓恢复原貌 36 字，字径 3.5 厘米。碑文记载鲁相史晨奏祭祀孔子的奏章。后碑全称《鲁相史晨飨孔子庙碑》，刻于建宁元年（168）四月。14 行，行 36 ~ 35 字不等。前后碑字体如出一人之手，传为蔡邕所书。

此碑为东汉后期汉隶走向规范、成熟的典型。字体结体方整，端庄典雅。笔势中敛，波挑左右开张，疏密有致，行笔圆浑淳厚，有端庄肃穆的意度，其挑脚虽已流入汉末方棱的风气，但仍有资质而不板滞。

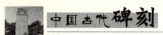
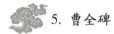
5. 曹全碑

《曹全碑》全称"汉郃阳令曹全碑",立
于东汉中平二年（185 年）。碑高约 1.7 米,
宽约 0.86 米, 长方形, 无额, 石质坚细。碑
身两面隶书。碑阳 20 行, 满行 45 字; 碑阴分
5 列, 每列行数字数均不等。记述郃阳令曹全
的家世和事迹, 碑阴还刻有立碑故吏等姓名及
资助钱数。

明万历初年, 该碑在陕西郃阳县旧城莘村
出土, 出土时字画完好, 一字不缺, 唯篆额佚
失无存。出土后移存郃阳县孔庙东门内, 西
向。清康熙十一年（1672 年）后, 碑石断裂,
人们通常所见到的多是断裂后的拓本。今则缺
灭之字更多, 但仍属汉碑中少有之完好者。

《曹全碑》拓片

1956 年移入陕西省西安博物馆碑林第三室保存。国家图书馆藏有明拓未损本。

曹全碑是中国东汉时期重要的碑刻, 是汉代隶书的代表作品, 字迹娟秀
清丽, 结体扁平匀称, 风致翩翩, 笔画正行, 长短兼备, 秀逸多姿, 为历代
书法家推崇备至。

6. 张迁碑

《张迁碑》全名《汉故穀城长荡阴令张君表颂》, 亦称《张迁表颂》, 碑
高 316.7 厘米, 宽 106.7 厘米, 共 16 行, 满行 42 字。碑阴 3 列, 上二列 19
行, 下列 3 行。刻于东汉中平三年（186 年）无盐（今山东省东平）境内,
于明代出土。现存于山东泰安岱庙。张迁祖先及张迁任穀城长时的政绩, 碑
阴题刻立碑官吏姓名及出资钱数, 是张迁故居韦荫等为表扬他而刻立的。

碑中字体大量渗入篆体结构, 字形方正, 用笔棱角分明, 书风古茂朴厚,
刚劲雄浑。运笔多采"方笔", 笔道粗细介于二分笔与三分笔之间。波画的提
按过渡不甚明显, 有别于孔庙三碑的大撇重捺。字形偏于古拙一路, 虽字迹
多漫漶, 然端整雅练, 剥落之痕亦复天然, 结字运笔已开魏晋风气。

第五章

魏晋南北朝隋唐时期的著名书法碑刻

　　魏晋南北朝时期是中国书法艺术的繁荣
时期。这一时期虽屡颁禁碑之令，刻碑受到
限制，数量锐减，但仍形成了独特风格。特
别是汉字的各种字体，诸如篆、隶、楷、
行、真、草，这一时期均已创制齐备，并产
生了蔡邕、王朗、钟繇、张芝、王羲之、王
献之等一大批名垂千古的著名书法家。这一
时期上至帝王、下至百姓，均极其喜爱
书法。

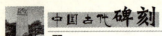

第一节
魏晋南北朝碑刻

　　中国古代碑刻有的书法高妙，有的出自著名书法家之手，是中国书法艺术宝库中的瑰宝，也是研究中国书法和碑学的重要资料。魏晋南北朝时期的碑刻文字极为丰富多彩，留传至今者数以千计，其中不乏鸿篇巨制。

　　诸如魏的《受禅碑》、《上尊号碑》，吴的《谷朗碑》、《禅国山碑》，晋的《辟雍碑》、《孙夫人碑》、《爨宝子碑》、《兴福寺碑》，南朝的《爨龙颜碑》、《宋文帝神道碑》，北朝的《张猛龙碑》、《贾思伯碑》等，皆系中国古代著名碑刻。这一时期的碑刻文字富有魏晋文人清刚豪迈的气概，其书法体裁往往独具个性。

 **三国碑刻**

　　三国是隶书向楷书过渡的时期。三国石刻的隶书，虽与汉末的碑刻隶书差别不大，但其字形渐趋于方，其字势向纵的倾向发展，笔画也以直势居多，倘若笔画没有波磔的话，那就与楷书很相近了。

　　由于曹操立法严谨，禁止立碑。以"不惜倾无量之资财，以博建立碑碣之虚荣"为理由，而严禁立碑，所以这时期的碑版较少。在书法方面较优秀的有《受禅表碑》、《上尊号奏碑》、《孔羡碑》、《范式碑》、《曹真残碑》、《王基残碑》、《十三字残碑》等。

　　1.《受禅表碑》与《上尊号奏碑》

　　《受禅表碑》和《上尊号奏碑》（全称为《公卿将军上尊号奏碑》），位于许昌市西南 17 公里处的繁城镇受禅台前汉献帝庙旧址上。受禅台筑成于东汉建安二十五年（220 年），是当年十月魏王曹丕接受汉献帝的禅让，并登基称帝的地方。

《受禅表》碑高 3.22 米，宽 1.02 米，厚 0.28 米，圭形，上有碑穿，额题篆书阳文"受禅表"三字。碑文 22 行，每行 49 字，字大 3 厘米，隶书阴镌，内容首先阐明禅让乃自古之美德，接着颂扬曹丕"齐光日月，材兼三级"，有"尧舜之姿"、"伯禹之劳"、"殷汤之略"、"周武之明"，在公卿将军固请下，他"回师千虑，至于再，至于三"才在繁阳（今繁城镇）筑灵坛举行受禅大典。

《公卿将军上尊号奏碑》碑高 3.22 米，宽 1.02 米，厚 0.32 米，圭形，上有碑穿，碑额篆书阴刻"公卿将军上尊号奏"八字。碑文隶书阴镌，正面 22 行，背面 10 行，每行 49 字，字大 3 厘米，内容为华歆等文武大臣效忠曹丕，奏请曹丕代汉称帝事。奏章称道"汉帝奉天命以固禅，群臣敬天命以固请"。汉献帝让位曹丕代汉乃天命所归。奏章前后均列公侯臣等 46 人职名。

两碑详细记录了汉献帝在受禅台上将帝位禅让于魏王的事实。历代传说两碑均系王朗文、梁鹄书、钟繇镌字，谓之三绝，即文表绝、书法绝、镌刻绝，有较大的史料价值和艺术价值。

吴国地处江东，也出现了一些极为著名的书法家，并留下了艺术价值很高的石刻。吴国时期的碑版，真书刻石有《葛府君碑》、《谷朗碑》；以方笔写篆的有《天发神谶碑》、《禅国山碑》等。

 **2.《谷朗碑》**

《谷朗碑》全称《吴九真太守谷朗碑》。额题"吴故九真太守谷府君之碑"。三国时吴凤凰元年（272 年）立于湖南耒阳。碑纵 176 厘米，横 72 厘米。字共 18 行，满行 24 字。碑原在湖南耒阳城东谷府君祠内，清时移置县城杜甫祠中（现耒阳一中），后迁蔡侯祠（传为蔡伦故居，在城内蔡子池畔）内保存。碑之两侧原有谷氏后裔题名，清初尚存，后渐磨灭。

碑主谷朗（218—272 年），字义先，桂阳（治在今湖南郴县）耒阳（今湖南耒阳县）人。三世仕吴为牧守，累官长沙刘阳令、立忠都尉尚书郎、广州督军校尉等，吴建衡三年（271 年）迁九真太守（今越南河内南顺以北地区）。凤凰元年四月乙未卒，终年 54 岁。其墓在今耒阳马水乡木村虎形山，嗣孙谷起凤、谷尚志等为之立碑。

《谷朗碑》书法端劲有致，尚多汉人书风。字虽称隶书，实则体势已非常接近楷书，故亦有定为楷书者。当然同后世魏碑、唐楷相比，它还带有较浓的隶味。其结体方整，笔画圆劲，书风浑朴古雅，与曹魏诸刻风格稍异，但同为开后世楷书法门的重要碑刻。

故宫博物院藏有明拓本，为所见最旧拓本。整幅装，纵131.7厘米，横75厘米。纸墨醇古，拓工精良。

 3. 《禅国山碑》

《禅国山碑》又称《封禅国山碑》、《天纪碑》。吴天玺元年（276）立。43行，行25字。碑在江苏宜兴。因碑形状怪异，"石圆八出，形如米廪"，故俗称"囤碑"。碑文记吴末帝孙皓得祥瑞，故于天玺元年封禅于国山之事。书写者苏建，刻工何赦。二人生平不详。

《禅国山碑》为三国时期重要碑刻之一，自宋以来，多见著录。篆书，其书淳古秀茂，体势雄健，笔多圆转，继承了周秦篆书的遗意，被誉为"江南第一碑"。

清嘉庆年间荆溪（宜兴古称）县令唐仲冕建护碑小亭，民国年间邑人储南强扩建为六角形护碑亭，至今其址仍在江苏宜兴城西南20多公里的国山顶上。1982年被定为"江苏省省级文物保护单位"，同年由江苏省文化厅拨专款修建碑亭，并建有百米保护围墙。

现存的有宋明拓本三种，以江苏南京历史博物馆藏拓本为最早。

《禅国山碑》亭

 **两晋碑刻**

两晋承袭曹魏禁碑旧习，故所立

碑版亦不多。现在存留下来的晋碑寥若晨星，仅有《辟雍碑》、《郛休碑》、《孙夫人碑》、《齐太公吕望表》、《枳杨府君碑》、《爨宝子碑》、《王兴之夫妇墓志》等。其中较有代表性的是：

1. 《孙夫人碑》

《孙夫人碑》全称《任城太守夫人孙氏碑》，刻于西晋泰始八年（273年），清乾隆五十八年（1793年）江凤彝于山东新泰县新甫山下访得，后移新泰县学，现存泰山岱庙，是中国石刻史上较早记载妇人身世之碑。碑额隶书"晋任城太守羊公夫人孙氏碑"，碑文隶书20行，行37字。书法结字方整，紧练峭拔，笔画粗壮伟岸，笔力充沛，波磔短齐，捺角丰肥，方中见圆，较东汉隶书又有所变化。

现故宫博物院藏江氏初拓本，剪条装，额6页，每页2字；碑文47页，每页3行，行5字，纵22.5厘米，横12.6厘米。此本拓工精细，字口清爽，字神显露，至为难得。有"妙华"、"刘喜海"、"黄叶庄"、"吴氏家藏"等藏印及无款跋稿1页。

2. 《辟雍碑》

《辟雍碑》全称《大晋龙兴皇帝三临辟雍皇太子义再莅之德隆熙之颂碑》，刻于西晋咸宁四年（278年），1931年出土于河南省偃师市东大郊村北西晋太学遗址中，后立于村内。碑首、碑身以整石凿成，通高3.22米，宽1.1米，厚0.3米。碑首和碑身全用整石凿成，而不是通常的组合式；碑首的左右两侧各有蟠龙伏绕。碑阳隶书30行，行50字；碑阴题名10列，当额处50行，其余44行，计400余人。碑额题23字，字径8厘米，为历代碑刻中碑额字数最多者。

西周时期，天子所设置的大学叫辟雍，同时也是天子举行祭祀仪式和承师问道的地方。碑文记述晋武帝司马炎及皇太子司马哀亲临太学辟雍视察的事迹。碑阴刻述，有太常散骑等行政学官和博士、助教等教职员四百余人。碑额篆书，正文隶书。字体灵活，风格独特，是中国现存晋碑中最大最完好的一通。

碑文的书体后人称"晋隶"，这是为了区别于此前的汉隶和后来的所谓

《辟雍碑》拓片（碑额）

"唐隶"。从字的结体趋向方正来看，书家认为与传统隶书已经拉开了距离，是接近楷书的表现，也是隶楷过渡时期的一个典型。

　　《辟雍碑》刻立不久就被推倒埋在地下。直到1600多年后的1931年，在东大郊村村北面晋太学遗址中才被一位黄姓村民在挖墓圹时发掘出来。由于不知道为何碑，又埋于地下。当时区长李之斌听说此事，命人将碑挖出。方知为稀世珍宝。有人欲砸碑卖字，被李区长劝阻，并运回村中妥善保护起来。当时曾有拓片20张在北京等地学者中传开。为防不测和人为损伤，又埋于土中。新中国成立后才掘出，碑座于1974年出土，跟此前挖出的碑身可谓珠联璧合。1987年拟建亭保护，并已拨款，可是未能建成。直到14年后的2001年，才由村民中的25人集资建成碑亭。最近几年，上面曾来人，要把《辟雍碑》运到省城博物馆，村民得知群起而反对，并以老百姓特有的方式制止了。如今，碑亭在两家村民高高的院墙夹持之中，大门紧锁，庭院深深，可谓万无一失了。

由于《辟雍碑》刻立之后不久即埋于土中，千百年来免于风雨剥蚀，重见天日后，完整无损，字迹清晰，被视为"晋碑之冠"。《辟雍碑》对了解我国的教育制度也有参考价值，现为国家重点文物保护单位。

3. 《爨宝子碑》

《爨宝子碑》全称为《晋故振威将军建宁太守爨府君墓碑》，碑质为沙石。乾隆四十三年（1778年）出土于云南南宁（今曲靖市）扬旗田村，1852年移置曲靖城内，现存于曲靖一中爨轩内爨碑亭。1961年3月，国务院正式批准为全国首批重点保护文物，拨款重新修理建碑亭，加固碑座。

此碑碑首为半圆形，整碑呈长方形，高1.83米，宽0.68米，厚0.21米。正文楷书计13行，每行30字，后列官职题名13行，每行4字。刻署年为"太亨四年岁在乙巳"［即东晋义熙元年（405年）］。

碑文记述爨宝子生平。爨宝子系爨部族首领，世袭建宁郡太守。滇人袁嘉谷曾为碑亭撰书一联"奉东晋大亨，宝子增辉三百字。称南滇小爨，石碑

保存《爨宝子碑》的"爨碑亭"

永寿两千年。"这里的"三百"、"二千",是为了语言对仗,取其约数。实际上立碑至现在,已有将近1600年历史,碑文共有388字。大亨是晋安帝壬寅年(402年)改的年号,次年又改称元兴,至乙巳(405年)又改号义熙。云南远在边陲,不知内地年号的更迭,故仍沿用。

《爨宝子碑》的书体在隶楷之间,体现了隶书向楷书过渡的一种风格,由于其脱胎于汉隶笔法,故而波磔犹存,相较于北方的魏碑体,它则更显得"原生态"。此碑字用笔方峻,起收果断,似昆刀切玉;字的造型奇特自由,似天马行空,神秘莫测,令人产生丰富联想。

《爨宝子碑》书法朴厚严谨,含蓄古逸,大巧若拙,率真硬朗,气度高华,气魄雄强,奇姿尽现。究其渊源,因属隶变时期的作品,体势情趣、情态均在隶楷之间。寓飘然于挺劲,杂灵动于木讷。

此碑为汉字的演变研究提供了宝贵资料,在书法界也有着极高的地位。与《爨龙颜碑》并称为"二爨",因《爨龙颜碑》字多碑大称"大爨",此碑则被称为"小爨"。

 **南朝碑刻**

南朝碑刻,大体继承了东晋的风气,好书法的风尚仍不亚于东晋。上自帝王,下至百姓,都极其喜爱书法。可是,南朝至齐末,仍承袭东晋禁碑的规定,故造成书法流传帖多于碑。南朝碑版流传下来的也很少,但并不是绝对没有。300年间,所建立的碑版亦不下数百种。可是,因受到人为的破坏,存留于今的不过数十通。

1. 《爨龙颜碑》

《爨龙颜碑》全称《宋故龙骧将军护镇蛮校尉宁州刺史邛都县侯爨使君之碑》,立于刘宋孝武帝太明二年(458年),碑高3.88米,宽1.46米,是现存晋宋间云南最有价值的碑刻之一,现在云南省陆良县彩色沙林西面约三公里的薛官堡斗阁寺打殿内。碑额呈半圆形,上部浮雕青龙、白虎、朱雀、玄武,下部正中穿孔,左右刻日、月,日中刻俊鸟(三足鸟);月中有蟾蜍。碑阳记爨氏家世及本人生平事迹,存文900余字;碑阴为职官题名,三段刻,共313字。

此碑记当时雄踞云南东北部爨氏首领、世袭本地官职。碑文追伤痛爨氏渊源及本人的生平事迹，反映了当时边疆地区政治、军事机构的详细情况，可补正史之不足。

碑文为南中知识分子爨道庆所作，词采富丽，文笔凝练，富于感情，反映出爨道庆相当高的汉文学修养。就书法而言，笔力雄强，结体茂密，继承汉碑法度，有隶书遗意，运笔方中带圆，笔画沉毅雄拔，兴酣趣足，意态奇逸。字体方正，险劲简古，有气魄而多变化。这种雄浑庄严的书体，实为北魏碑的先河，并起着承上启下的作用。

《爨龙颜碑》

此碑为清代著名学者、金石学家阮元出任云贵总督，在道光六年（1826 年）访求名碑于陆良贞元堡发现，命知州张浩建亭保护，并写有题跋。

知识链接

阮元小档案

阮元（1764—1849 年），字伯元，号云台、雷塘庵主，晚号怡性老人，扬州仪征人。清代嘉庆、道光年间名臣。他是著作家、刊刻家、思想家，在训诂、经史、数学、天算、舆地、编纂、金石、校勘等方面都有着非常高的造诣，被尊为一代文宗。

阮元的父亲阮承信系国学生，修治《左氏春秋》，为古文大家。母亲林氏也出身于仕宦之家，通晓诗书，有修养。阮元 5 岁开始跟从母亲学字，6 岁进私塾就学。他的母亲对他偏重于文字的教育，他的父亲则令他通文义

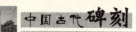
和立志向学。乾隆五十四年（1789年）廿五岁的阮元中进士，入翰林院任庶吉士，次年授翰林院编修。一年后因学识渊博，受高宗赏识升任少詹事，入值南书房、懋勤殿，迁任詹事。

1793年外放，历任提督山东学政、浙江学政，嘉庆三年（1798年）返京，任户部左侍郎，会试同考官，未几又赴浙江任巡抚十年，嘉庆十年丧父，归家丁忧，服除，任职兵部，又先后出为湖南、浙江巡抚。嘉庆十九年（1814年）调江西巡抚，因捕治逆匪胡秉耀有功，加太子少保，赐花翎。嘉庆二十一年（1816年）调河南，升湖广总督，次年调两广总督；道光元年（1821年）阮元兼任粤海关监督；道光六年（1826年）迁云贵总督；道光十五年（1835年）回朝，拜体仁阁大学士；道光十八年（1838年）因老病致仕，返扬州定居，临行加太子太保衔。道光二十九年（1849年）卒于扬州康山私宅，谥"文达"，享寿八十六岁。入祠乡贤祠、浙江名宦祠。

阮元自弱冠一举成名，在长达六十多年的治学生涯中，著作极为丰富，说他是"著作等身"，当之无愧。其生平所著之书，根据一些常见书目统计，约在三十种以上。除个人著作以外，阮元还编辑了许多大型丛书和工具书，其中最为人们熟知的，除《皇清经解》、《经籍纂诂》以外，当推《十三经注疏》。此外，阮元所刻印之书还有一个重点，是其搜集刻印了一些知名学者的遗著。据粗略统计，他所刻名家选集就有钱大昕、钱塘、汪中、刘台拱、孔广森、张惠言、焦循、凌廷堪等大家。可见阮元究心表彰绝学，不遗余力。

2. 《瘗鹤铭》

《瘗鹤铭》原刻在镇江焦山西麓江心岛石壁上，中唐以后始有著录，后遭雷击滑坡，碑文下半截落入江中，再后来，上半段也消失了。至南宋淳熙年间（1174—1189年）一石露出水面，有人将它从江中捞起，得20余字，仍在原处竖立起来，许多人前来观摩摹拓，有的甚至凿几字带走，学者们也来研究它，因而远近闻名。清康熙五十二年，闲居镇江的苏州知府陈鹏年曾募工打捞出5方《瘗鹤铭》残石70余字，共93字。经历代专家考证，《瘗鹤铭》原文应在160字左右，尚有很多缺失。

　　1997年，镇江博物馆和焦山碑刻博物馆联合对"瘗鹤铭"残石进行了为期三个月的考古、打捞，发现了"欠"和"无"二字，但仍残缺很多。2008年10月8日，《瘗鹤铭》残石打捞考古开工。此次打捞工程主要由镇江水利局水投公司、省交通工程公司实施，焦山碑刻博物馆、镇江博物馆联合考古队全程介入，动用一艘打捞船、一艘挖泥船、两条小工作艇，利用现代化的打捞技术，包括GPS技术、超声波技术、多波束水下地形测量技术及潜水等，对焦山西麓江滩进行一次科学、全面的打捞考古作业。在打捞出水的1000多块山体落石中，经过清洗、拓片、辨识、鉴定，并与前人考定著录的《瘗鹤铭》铭文对照，能够初步认定587号、546号、977号石块上"鹤"、"化"、"之遽"等4个字内容相吻合，字形大小、文字式样、笔画形态都已经具备了东晋六朝由隶至楷的书写特性，也与《瘗鹤铭》书风相一致。此外453号石疑似为"方"字，但未获确认。

　　对于《瘗鹤铭》的书写人和刻石年代，历来看法不一。唐人孙处元《润州经》认为系王羲之书，宋黄庭坚、苏舜钦等亦持此看法；因陶弘景曾自号华阳隐居，宋人李石《续博物志》即认为系陶弘景书，后附和此说者最多；欧阳修认为华阳真逸是顾况的道号；还有人认为是唐人王瓒所书；也有人觉其字同颜真卿《宋广平碑》接近，认为是颜真卿书。总之至今仍不能定论。

　　此碑真书，文自左而右行，点画灵动，字形开张。其书法艺术代表了南朝的时代风格，虽已是成熟的楷书，但仍能看出篆隶笔势的遗意。其笔势富有骞举趣，飞舞回旋如鹤翅高翔。《瘗鹤铭》在中国书法史上具有坐标

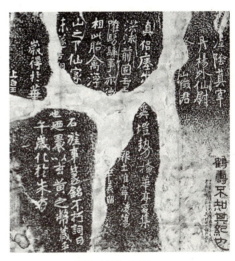

《瘗鹤铭》拓片

意义，被誉为"大字之祖"。其书法之精妙，使历代文人为之赞叹，是研究我国书法及碑刻发展史的重要资料，学习书法艺术的一个重要范本，被誉为"碑中之王"。

总之，由于南朝文化发达，艺术兴盛，这大大有利于书法的进步。同时，在这动乱的年代，不仅老百姓遭殃，连中、小地主、士族也大感失意，使人们精神上感到空虚，以信仰佛教来寻求精神寄托。正因为佛教到了南朝有了长足发展，各地的佛寺急剧增加，并大力塑造佛像。在造像方面，大多用金属铸造形象。这就势必延聘文学之士或书法家来撰文纪事，更为普遍的是凿石作碑碣，或在天然的岩石上凿刻，即称摩崖刻石。这自然会使书法艺术得到普遍的发展。

 **十六国与北朝碑刻**

十六国碑刻存世极少，主要有前秦《广武将军碑》和《邓太尉祠碑》以及北凉《沮渠安周造佛寺碑》。另外，当时在东北东部和朝鲜半岛北部建立的高句丽政权遗留下的碑刻代表——《好太王碑》也合并到这里介绍。

 1. 《广武将军碑》、《邓太尉祠碑》及《沮渠安周造佛寺碑》

《广武将军碑》，现在西安碑林。碑四面刻，前面刻碑文，碑阴及两侧刻部将姓名。隶书。正文17行，行31字。碑阴2列，一侧2列，一侧8列。额隶书"立界山石祠"五字。碑阴、碑侧，则信手刻凿，有行书流便之意，奇志横生。

《邓太尉祠碑》，前秦建元二年（366年）立，高170厘米，宽64厘米。原立于蒲城县东北邓艾祠内，1972年入藏西安碑林。此碑隶体已杂有楷法，书法亦佳，为前秦碑刻代表作。

北凉《沮渠安周造佛寺碑》原藏于柏林国家博物院，二次世界大战被毁，具体形制已不可考。世间仅存孤本拓本，现藏中国历史博物馆。

《邓太尉祠碑》拓片

2. 《好太王碑》

《好太王碑》全称《高句丽广开土境平安好太王碑》，位于吉林省集安市区东北 5 公里的好太王陵向东 200 米处。刻立时间相当于东晋安帝义熙十年（414 年）。

《好太王碑》是由一块天然的基本呈方柱形角砾凝灰岩（火山石）稍加修琢而成的，无碑额。高 6.39 米，宽 1.35～2 米；碑底周长 6.29 米，碑文 44 行，满行 41 字，计 1775 字，现存 1590 字左右。东南面宽 1.48 米；西南 1.35 米，西北 2 米，东北 1.46 米。其基础是一不规则的五边形花岗岩板，再下面是双重花岗岩石板夹沙砾构成抗震基础。

好太王是高句丽第十九代王，名安，又作"谈德"，391 年即位，时年 18 岁，在位共 22 年，于 412 年去世。在位期间，高句丽"国富民殷，五谷丰熟"，"威武震披四海"，曾先后征服了百济、扶余，并多次击败倭寇。他一生共攻取 64 城，1400 多个村庄。可谓文治武功，勋绩卓著。他的儿子长寿王继位后，即第二十代高句丽王为纪念其父开疆拓土的功绩，谥其父为"国冈上广开土境平安好太王"，于高句丽长寿二年（414 年）勒石竖碑。

光绪十年（1884 年），当地县官为使拓本更清晰，下令让一位农民把马粪涂在碑版上面，待晾干后用火焚烧，苔藓杂草倒是烧干净了，可是古碑却被烧裂；这位农民为了便于椎拓，竟异想天开地用白石灰把有沟有洼的地方抹平，严重损坏了碑文书法的真迹，造成拓本严重失真。愚昧无知使古碑备受摧残。

也就在这一年，日本陆军曾派参谋本部的间谍来到当地，带回日本一套双钩加墨本碑文；此后又陆续有日本学者前来考察并著书立说。1905 年，有个叫百鸟库集的日本人建议把《好太王碑》运到日本。1907 年，日军第五十七联队长小泽德平又提出用军舰把《好太王碑》运到日本。结果遭到当地民众的强烈抗议和坚决反对，阴谋没有得逞。当年，法国人沙畹来到集安，进行了拍照、测量，并购买拓本，把古碑介绍到西方。1927 年，当地各界有识之士为防止日本侵略者把古碑盗运出境，发动民众集资修建碑亭，把《好太王碑》遮蔽起来。

1949 年以后，文物部门对《好太王碑》进行了有效的保护，把填补在裂缝处和缺损部分的白灰除掉，对于被火烧后残缺的部分进行了转接。1982 年

11月，当地政府新建的碑亭竣工，这道碑得到了更好的保护。

《好太王碑》的碑文为汉字隶书，在书法界一向被看重和备受推崇。此碑书法、书势很优美，颇具古质而今妍之志。碑文隶中有楷，似楷实隶。看上去平平淡淡，古拙质朴，提按变化不大，也不作装饰夸张，字正体方，填满字格，方头方脑，笨手笨脚，可是却给人以饱满浑厚，端庄谨严，内敛厚重，张力十足之感。此碑又一明显的特点是，古今字和别体字颇多，这些结构字体之形成，能查出它的来龙去脉。北凉传世书迹极少，故此刻极为珍贵。

北魏王朝的建立及孝文帝的改革，使遭到严重破坏的北方经济也开始得到了恢复和发展，随之也出现了文化繁荣。北魏的书法艺术就在这样的背景下得到巨大的发展。这时期南北碑版书风已逐渐全面地趋向统一。这说明书法作为一门艺术，它的发展是与政治、经济、文化艺术的全面发展相联系的，这充分说明了北朝碑版书法的发展有着深刻的社会历史根源。

由于北朝没有禁止立碑的规定束缚，所以北朝的碑版很多。最多当推北魏，其次是东魏、西魏，这时立碑之风极为盛行。这时期的碑不但数量多，而且又都非常精美。这种碑版无论在数量上，或是在书法造诣上，都可以与东汉的隶书碑版相媲美。这种北朝的石刻，不只指具有碑的形式的一些石刻，而且还包括北朝各种石刻在内，如墓志、塔铭、摩崖、造像题记、幢柱刻经等。所以，自北魏至北周，整个北朝时期内的石刻，可以说数以千计。这些石刻，大多数出自民间无名书家之手，为后代留下了许多赞不绝口的杰作。尤其是楷书，到了北朝，独具风貌，故人们称之为"魏碑"，也称为魏碑体。这种字体基本上属于楷书范畴。在书艺方面，有着其他时代不曾具有的特色，即崇尚自然和天趣，开创了这一代的书风，魏碑和汉碑、唐碑各自体现了一个时代书法艺术的高峰，并派生出各种流派。

《张猛龙碑》原拓

北朝的碑版很多，除前文介绍过的"龙门二十品"外，著名的碑版尚有《张猛龙碑》、《贾思伯碑》等。

3.《张猛龙碑》

《张猛龙碑》虽然不知道撰文者姓名，书丹者何人，但其在书界一直享有崇高的声誉，赞美之词不乏共文。

《张猛龙碑》是一通功德碑，碑主张猛龙其人名不见经传，虽然官至太守，而史书无传。这篇碑文为我们提供了许多不亚于"列传"的资料。该碑刻立之后不知什么时候埋没于地下，直到明朝初年才出土，近代以来碑版已多处残泐，碑文中时有脱落漫漶的字、词、句，无法一一解读。

《张猛龙碑》额"字皆二寸"，碑额正书大字为"魏鲁郡太守张府君清颂之碑"十二字。称赞碑阴行书官员姓名、官职，历时四年，"正光三年正月廿三日讫"。

《张猛龙碑》楷书以方笔为主，兼用圆笔，字取纵势，中宫收束，天骨开张，结构欹侧险劲，风格清俊刚健，逸态多姿，劲健雄俊，奇正相生，潇洒古朴，变化多端。此碑书法已开唐楷之先河，并成为后来学楷者的经典之作。

东、西魏和北齐、北周时期留传下来的碑刻极少，绝大多数为造像记、摩崖石刻等。这些碑刻我们在前文大多已经介绍过，这里就不再重复了。

第二节
隋唐碑刻

隋唐时期石刻形制高大，内容广泛，分布地区辽阔，种类齐全，文种大增，尤其讲究碑刻的书法艺术，撰人、书丹者皆具其名，呈现出石刻碑版的百花盛开局面。

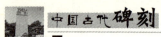

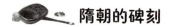 **隋朝的碑刻**

隋朝国祚虽较短，可是在文化上作出了新的成就。隋朝承袭了魏晋的余风和六朝的风格，作了一番大加工，变为隋代的楷书。这个时期内，唯独楷书盛行于世，可以这样说，到了隋朝时期，楷书才算是一种极其规范化的标准书体，成为中国书法界正楷的一种规范。它开创唐朝正书的先河，对唐朝写正楷的一派影响最深，其功劳也最大。

在碑刻、书法方面，隋代出现了综合南北的趋势，熔南北于一炉。这时立碑之事，又在各地盛行起来，直至今日，还遗留下为数较多的名碑，其书艺的高超，即使唐朝的一些名书家也不能超越。

这时期著名的碑志除了前面介绍过的《美人董氏墓志》等墓志外，以《龙藏寺碑》为重要代表。

《龙藏寺碑》全称《恒州刺史鄂国公为国劝造龙藏寺碑》，隋开皇六年（587年）十二月五日刻于河北正定隆兴寺，是恒州刺史王孝僊为国劝造龙藏寺的纪事碑。碑阳30行，行50字，约1500字，行间有细线分隔。碑阴题名5列，左侧题名3列。

龙藏寺曾几度被毁重修，《龙藏寺碑》也历尽沧桑。如今碑额尚且完好，字口清晰，碑阳下部50厘米大部剥落，字迹已无法辨认。碑为圆顶。下无龟趺，以方石为座，碑身无有雕刻繁缛的花纹，保持着早期碑刻的古朴。碑身高254厘米，阔106厘米，厚30厘米。碑额呈半圆形，上有粗犷生动的蛟螭盘绕，六只龙首分别垂向两侧，即是碑檐的水口，又新颖庄严，再加上刻工精细，形象逼真，称得上是国内少见的艺术品。

《龙藏寺碑》脱胎于魏碑，开唐楷之先河。细观碑石，可见字体开阔厚重，笔法刚劲有力，保留了露锋、方笔等魏碑特点。虽然如此，但其艺术价值远迈其上。与隶书和魏碑相比，《龙藏寺碑》结体方整，横细竖粗，并增加了逆起顿收的写法，近似于唐碑，这就大大丰富了中国书法艺术的表现力。这种写法一直沿用至今，因此可以说《龙藏寺碑》是最早的标准楷书，上承南北朝余风，下开初唐书法诸家先河，号称隋碑第一。

《龙藏寺碑》法帖版本很多，过去流传于世的本子大多是清朝乾隆年间所拓，最好的本子，是清末收藏文物甚富的大官僚端方所藏号称"宋拓"的本子。新中国成立后上海发现了比端本更精，存字更多的珍本，现藏于上海图书馆。此本存字 1401 个，比端本多 18 个字，但原碑仍有 51 个字无证可考。

 唐代碑刻

唐代是中国历史上最为统一强盛的封建王朝之一，也是文化艺术光辉灿烂的时期。唐代由于科举制的实行，书法受到了文人的高度重视，加上唐代帝王大多爱好书法，且在书法上具有深厚造诣，上行下效，形成了书法艺术在唐代的空前鼎盛，涌现出了欧阳询、虞世南、褚遂良、薛稷、孙过庭、张旭、怀素、颜真卿、柳公权等许多著名的大书法家。在唐代近三百年间，碑刻艺术得到充分发挥，丰碑巨碣、造像、刻经、墓志、墓表等石刻成千上万，不可胜数。

初唐的四大家欧阳（询）、虞（世南）、褚（遂良）、薛（稷）书写了一些著名的碑版。

欧阳询有：《皇甫诞碑》、《九成宫醴泉铭》、《虞恭公碑》、《房彦谦碑》、《化度寺碑》、《千字文》、《姚辩墓志》、《宗圣观记》。

1. 《九成宫醴泉铭碑》 等

《九成宫醴泉铭碑》，唐贞观六年（632 年）刻于陕西麟游县，由魏征撰文。碑额阳文篆书"九成宫醴泉铭"六字，行文 24 行，行 49 字。碑身和碑首连成一体，碑首有六龙缠绕。正面隶书"九成宫醴泉铭"6 个大字，碑座已经破损。

《九成宫醴泉铭碑》用笔方正，且能于方整中见险绝，字画的安排紧凑、匀称，间架开阔稳健。其字形偏修长，行笔于险劲之中寻求稳定，尤其在画末重收，笔至画尾便稳稳提起。整体碑文高华浑朴，法度森严，一点一画都成为后

《九成宫醴泉铭碑》拓片局部

世模范，是欧阳询晚年代表之作，故后人学习楷书往往以此碑作为范本。

虞世南的代表作传世很少，仅有《孔子庙堂碑》、《汝南公主墓志草稿》等。

褚遂良的代表作有《伊阙佛龛碑》、《孟法师碑》、《雁塔圣教序》、《同州圣教序》等。

薛稷的代表作有《信行禅师碑》、《升仙太子碑题名》、《涅槃经》等。

其他的还有颜师古、殷令名、赵模、殷仲容、李冶、王知敬、敬容、欧阳通、高正臣等书丹名家。

另外特别值得一提的是怀仁集王羲之书《大唐三藏圣教序》碑。

2. 怀仁集王羲之书 《大唐三藏圣教序》 碑

《大唐三藏圣教序》文由唐太宗撰写，唐代多位书法家都曾书写这一序文并由碑刻传世。如褚遂良所书《雁塔圣教序》即为此文。

唐咸亨三年（670年），长安宏福寺僧怀仁从王羲之书法中集字，刻制成碑文，称《唐集右军圣教序并记》；因碑首横刻有七尊佛像，又名《七佛圣教序》。

怀仁集王书成此碑，历廿五年乃成。虽是集字成碑，且缺失之字为拼接组合而成，但因怀仁功力深厚，又是谨慎从事，终能各尽其势，完好地再现了王羲之书法的艺术特征，用明人王世贞的话来说，是"备尽八法之妙"，笔锋使转处莹丝可见，成为王字的一个大宝库。此碑于宋以后中断，传世以未断宋拓本为佳。

此碑首创"集王"一格，再现王书风貌，极为士林所重，现存西安碑林。

怀仁集王羲之书《大唐三藏圣教序》（宋拓本局部）

中唐时期涌现出不少著名书家，并为后世遗留下许多珍贵的碑刻遗迹，如李北海、苏灵芝、李邕、李阳冰等均为名家。但其中最为重要的还是颜真卿。

颜真卿开创了一代书风，打破了初唐时期的那种拘谨的局面，变得富有创新，其字的形态、风格变得肥厚一些，这与唐玄宗崇尚丰腴书风是分不开的。据记载，由颜真卿书写的碑文多达 150 余种，至今尚存 50 余种。有代表性的碑刻有《多宝塔感应碑》、《东方朔画赞碑》、《郭家庙碑》、《麻姑山仙坛记》、《宋璟碑》、《八关斋会报德记》、《元吉墓碑》、《臧怀恪碑》、《颜家庙碑》、《颜勤礼碑》、《李元靖碑》等。

3. 《多宝塔碑》

《多宝塔碑》全称《大唐西京千福寺多宝塔感应碑》，天宝十一年（752年）四月二十日建，高 285 厘米，宽 102 厘米，岑勋撰文，颜真卿书丹，徐浩题额，史华刻字，碑文正书 34 行，每行 66 字。

碑文写的是西京龙兴寺和尚楚今静夜诵读《法华经》时，仿佛时时有多宝佛塔呈现眼前，他决心把幻觉中的多宝佛塔变为现实，天宝元年选中千福寺兴工，四年始成。原在唐长安安定坊千福寺，宋代移西安碑林，现藏于西安碑林。

《多宝塔碑》是颜真卿早期（44 岁）的代表作品，为后人初学书法的极佳范本。但是，此碑并没有形成颜真卿宽博雄浑的风格特点。此碑用笔笔笔藏锋、笔笔回锋，结构疏密匀称，平稳谨严，一丝不苟，风格严谨庄重，刚劲秀丽，与其后期书法面貌有很大不同。

存世最早的宋拓本原为李宗瀚旧藏，今藏故宫博物院。

4. 《颜勤礼碑》

《颜勤礼碑》全称《秘书省著作郎夔州都督府长史上护军颜君神道碑》，立于大历十四年（779 年）。楷书，碑文一通。高 175 厘米，宽 90 厘米，厚 22 厘米。碑四面环刻，存书三面。碑阳 19 行，碑阴 20 行，行 38 字。左侧 5行，行 37 字。自署右侧上半宋人刻"忽惊列岫晓来逼，朔雪洗尽烟岚昏"14字，下刻民国宋伯鲁题跋。

此碑在北宋时尚为人知。元明时被埋入土中，至民国年间才重新发现。1922 年 10 月，何梦庚得之于西安旧藩廨库堂后土中，时碑虽已中断，但上下都完好，惟其铭文并立石年月，因宋时作基址而磨灭。

颜勤礼乃颜真卿曾祖父。颜真卿撰文并刊立此碑时，年 71 岁，书法已炉火纯青。故此碑历来为习颜书所重。

此碑现存西安碑林。北京故宫博物院藏初出土拓本，其中"长老之口故"之"故"字，当断处有断线纹，但不损笔画。其后"故"字下泐。首行"碑"字右竖笔未损。

中唐末期及晚唐时期的书风力求瘦健，来摆脱其肥厚的风格。这时期也出现了一些名书家和著名碑刻佳作。有柳公绰的《武侯祠堂碑》，沈传师的《罗池庙碑》，柳公权的《李晟碑》、《冯宿碑》、《苻璘碑》、《玄秘塔碑》、《神策军碑》、《刘沔碑》、《魏公先庙碑》，范的《阿育王寺常任田碑》，裴休《圭峰定慧禅师碑》等。

《玄秘塔碑》

5. 《玄秘塔碑》

《玄秘塔碑》，全称《唐故左街僧录内供奉三教谈论引驾大德安国寺上座赐紫大达法师玄秘塔碑铭并序》，唐裴休撰文。碑立于唐会昌元年（公元 841 年）十二月，碑在陕西西安碑林。楷书 28 行，行 54 字。碑文书体结字内敛外拓，结构紧密，挺劲；运笔健劲舒展，干净利落，四面周到，有独特的面目，是历来影响最大的柳体楷书范本。

6. 《神策军碑》

　　《神策军碑》全称《皇帝巡幸左神策军纪圣德碑》，唐武宗会昌三年（843 年）立于皇宫禁地，今原碑已佚，故形制不明。碑文记录了回鹘汗国灭亡及安辑没斯来降等事，具有重要的历史价值。此碑由翰林学士承旨崔铉撰文，更增添了此碑的艺术价值。柳公权书写的碑文，其书法结构严整，充分体现了"柳体"楷书骨骼开张、平稳匀称的特点，加之此碑刻工精良，拓本与真迹无异，可一睹柳公权晚年书法真迹，故后世奉为柳书代表作。今存唐末或北宋初所拓孤本。

第六章

宋元明清的重要书法碑刻

　　宋至明清以来的碑刻，从体制、字体、形式都沿袭前代已定的规模，基本上没有大的变化。尤其与隋唐的碑志形式无多大区别，没有任何突破，可以说只不过是隋唐的余风而已。

　　书法界对于宋代以后，尤其是元代后的碑刻不甚注重。其原因是多方面的。一是宋至清的碑刻的形制、字体等诸方面，与隋唐的碑志区别不大，无多大特色；二是自宋朝以来，全国各地的碑刻林立，除一些重要的碑刻，具有较高的史料、艺术、书法价值外，碑刻无论从其内容、形制和书法等方面普遍都较平平，不能引起人们的重视；三是唐代以后，法帖如雨后春笋，蔚然兴起，碑刻逐渐走向末流，直到清代乾嘉以后，经书法大家邓石如、何绍基等人力倡碑学，碑刻艺术才一度复兴，然而较之六朝及唐代的鼎盛局面，毕竟只是强弩之末。

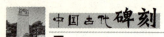

第一节
宋元碑刻

宋元碑刻数量比之隋唐时虽有减少，但某些方面还有突出表现，如刻帖的兴起，集中国书法艺术之大成，有助于这种艺术的继承与发展，题名、题记显著增加，反映了当时文人墨客游山玩水、消闲度日的思想情感。

宋代碑刻

宋代以宋四大书法家为例。

苏轼的著名碑刻有：苏轼撰并书《司马温公碑》，此碑苏轼奉旨撰书，书法端谨，存晋唐遗法，为苏轼之妙迹。《阿育王寺宸奎阁碑》，苏轼撰并书。此碑结体遒劲，得欧阳询、颜真卿笔意。《罗池庙迎享送神诗》，苏轼书。苏轼书其篇末迎享送神诗，而未书全文，后人取而刻之于庙。此碑神采具足，非各种复刻所及。

黄庭坚著名碑刻有：范仲淹撰文的《狄梁公碑》。《伯夷叔齐庙碑》，字极秀丽，笔画瘦润，与生平所作不相同，细察别有妩媚之趣。《黄庭坚题琴师元公此君轩诗刻石》，现仅存宋拓孤本，藏中国历史博物馆。

米芾著名碑刻有：《芜湖县学记》，宋黄裳文，米芾行书。原石已佚，现存者为后人摹刻。此碑笔法纵横，为米芾佳作。《方圆庵记》，宋释守一撰，米芾书。原石于北宋元丰六年（1083 年）刻，书法腴润秀逸。《章吉老墓表》，米芾行书。字距甚大，行距亦较宽。书法龙跳虎跃，秀劲遒逸，为米芾晚年代表作。其他还有《焦山题名》，在江苏焦山，书法清劲疏朗。《真君题字》，于崇宁四年（1105 年）刻于平武，书法严谨有度。《终南山题字》，米茆行书，"第一山"三大字，刻于安徽盱眙，字势奇伟秀丽，纵逸飞动。

蔡襄著名碑刻有：《万安桥记》，亦称《洛阳桥记》，蔡襄撰并书，正书。文记嘉祐五年（1060年）修造泉州万安桥之事。书法端庄沉着。《昼锦堂记》，又称《百衲碑》，欧阳修撰，蔡襄正书。北宋治平二年（1065年）立于河南安阳，元至元（1264—1294年）年间重刻。书法遒劲伟丽。《刘奕墓碣》，嘉祐六年（1061年）立于今福建福州。结字工稳。此碑拓本流传甚少，鲜为人知。《韩魏公祠堂记》，司马光撰文，蔡襄正书，元丰七年（1084年）立于今河南安阳。书法严整。还有福建福州东郊的鼓山摩崖题刻有蔡襄《刘蒙伯碣文》、《忘归石》等。

四大书家以外，宋代重要碑刻还有《元祐党籍碑》等。

 1.《元祐党籍碑》

《元祐党籍碑》又称《元祐党人碑》、《元祐奸党碑》，刻于宋崇宁三年（1104年），宋徽宗书，刻石置于文德殿门东壁。碑文列司马光、苏轼、秦观、黄庭坚等309人为奸党。蔡京后又自书颁行各州军立石，后毁石。今传世者，惟广西有两刻，一在桂林龙隐岩石壁间；一在融安真仙岩内。作为北宋新旧党争的实物资料，是一件具有重要史料价值的碑刻。通过对这块碑刻的研究，人们可以清楚地了解宋代的社会状况和统治集团的矛盾。赵佶、蔡京书法皆为一代高手，所以此碑因书法故有拓本传世。

知识链接

元祐党人

北宋元丰八年（1085年）宋神宗去世，年仅九岁的哲宗继位，由宣仁太后同处军国事，同年司马光任宰相，全面废除王安石变法，恢复旧制。前后历时九年。至此，支持变法的政治派别，被时人称之为"元丰党人"，反对变法一派则被称之为"元祐党人"。

宋哲宗元祐八年（1093年），哲宗亲政，用章敦为相，再一次起用变

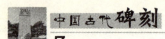

法派人士，全面恢复变法新政，严厉打击元祐党人，前后历时六年有余。苏轼、苏辙、黄庭坚等人皆遭流贬。元符三年（1100年），哲宗去世，徽宗继位，向太后垂帘听政。再次起用元祐党人，废除变法新政。九个月后，向太后患病归政，徽宗正式执掌大权，于崇宁元年（1102年）用蔡京为相，重行新政。崇宁元年（1102年）九月，徽宗令中书省进呈元祐中反对新法及在元符中有过激言行的大臣姓名。蔡京以文臣执政官文彦博、吕公著、司马光、范纯仁、韩维、苏辙、范纯礼、陆佃等22人，待制以上官苏轼、范祖禹、晁补之、黄庭坚、程颐等48人，余官秦观等38人，内臣张士良等8人，武臣王献可等4人，共计120人，分别定其罪状，称作奸党，并由徽宗亲自书写姓名，刻于石上，竖于端礼门外，称之"元祐党人碑"。不许党人子孙留在京师，不许参加科考，而且碑上列名的人一律"永不录用"。后来，更增"元祐党人"为309人，其中陆佃、章敦、曾布等为新党。蔡京手书姓名，发各州县，仿京师立碑"扬恶"。

 2. 《宋代针灸穴位碑》

《宋代针灸穴位碑》，此碑于1971年在北京明代城墙遗址出土，刻于宋天圣五年（1027年）至天圣八年（1030年）间。它是北宋医官王惟一于天圣四年（1026年）编纂完成，它科学地总结了自汉唐以后古代医学家在针灸穴位方面的经验，是一块研究我国古代医学的重要碑刻。

 **辽金碑刻**

 1. 《重修至圣文宣王庙碑》

《重修至圣文宣王庙碑》，隶书。金明昌六年（1195年）立石，党怀英奉敕撰并书丹篆额。石存山东曲阜孔庙。"杏坛"二大篆书石碑，在曲阜孔庙大成殿前甬道中央。天圣二年（1024年）在这里建坛植杏，以纪念孔子在杏坛讲学的事。直至金朝大学士党怀英篆书"杏坛"二字石碑。"杏坛"二大篆书，结体茂美，字苍劲古色，颇有精健。

2.《荣国公时立爱神道碑》

《荣国公时立爱神道碑》，正书。额阴文篆书四行。李晏撰，赵沨书，党怀英篆额。1958年在河北新城县北杨村出土，现存河北文化局。《刘从益惠碑》，赵秉文撰并行书，刻于金正大四年（1227年），此碑字体奇伟可观。

元代碑刻

元代书法名碑当以有元一代书法公认才华横溢的书坛领袖赵孟頫为魁首。由赵孟頫书丹的重要碑刻有：赵世延撰文的《敕藏御服碑》，在陕西省周至县。邓文原撰文的《孙公道行碑》，在陕西周至县。立于元统三年（1335年），字无大损，其无剥蚀处，则完整如新，笔法圆腴，略似学虞世南，比他书尤为工整。程钜夫撰文的《裕公和尚碑》，在河南登封少林寺。此碑圆熟有之，而姿态不足。《崇国寺演公碑》，赵子昂撰并书兼篆额。至元十三年（1276年）刻，虽间有剥落，仅损笔画，不缺一字。《崇福寺碑》，赵孟頫撰并书，延祐七年（1320年）刻。在处州《今浙江丽水县》万象山。石颇完好。

当然，赵孟頫最为人称道的还是《胆巴碑》稿。

《胆巴碑》全称《龙兴寺帝师胆

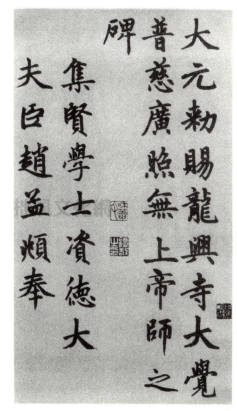

《胆巴碑》

巴碑》，又称《帝师胆巴碑》，元延祐三年（1316 年）书写，刻石立于真定（今河北正定）龙兴寺。赵孟頫撰书并篆额。在书法界，比《胆巴碑》更为出名的是赵孟頫所书上石底稿。这份碑稿为纸本，楷书，纵 33.6 厘米，横 166厘米，有乌丝栏。该帖通篇一气呵成，点画精纯，无一笔有懈怠之气。通篇基本为楷法，偶间行书写法，且上下血脉相连，自然流便。卷后有清姚元之、杨岘、李鸿裔、潘祖荫、王颂蔚、王懿荣、盛昱、杨守敬题跋，并钤有许乃普、叶恭绰等收藏印记。今藏故宫博物院。

第二节
明清碑刻

　　此时碑刻虽然品种数量都不少，形制也很壮观，内容也有时代气息，如出现了一些反映资本主义萌芽情况的碑刻等，但碑版本身无突出的、新的创意。明清两代书法家虽然众多，但世间更重其帖而鲜重其碑，故可称道者并不多。

 明代碑刻

　　明代重要碑刻有：

 1. 《大明皇陵之碑》

　　《大明皇陵之碑》俗称《皇陵碑》，位于安徽凤阳明皇陵神道侧。危素撰文，并遣李善长诣陵立碑。朱元璋嫌文臣碑文粉饰之辞，不足戒子孙，乃亲自撰写碑文，立碑于神道之南。此碑巍峨挺拔，气势非凡，是一件不可多得的珍贵文物，也是研究朱元璋及元末农民起义的珍贵资料。

2. 《马哈只碑》

《马哈只碑》位于云南晋宁县昆阳城月山西坡上，是我国明代著名航海家郑和于永乐三年（1405年）为他父亲马哈只立的墓碑。此碑碑文为大学士李至刚撰写，后带回家乡昆阳勒石立碑，至今字迹仍清楚。碑文记载马哈只的身世及家世。此碑为研究郑和家世提供了可宝贵的资料，具有较高的历史价值，故被一些专家、学者所重视。

《马哈只碑》亭

知识链接

郑和下西洋

郑和（1371—1433年），原姓马，小字三宝，云南昆阳（今昆明市晋宁县）人，回族。六世先祖赛典赤·赡思丁是元初来自中亚的色目贵族，是布哈拉国王穆罕默德的后裔，世奉伊斯兰教。曾任云南行省平章，追封为咸阳王。马姓就是"穆罕默德"姓氏的汉化。

小马和12岁当了宦官，之后进入朱棣的燕王府。在靖难之变中，他在河北郑州（在今河北任丘北，非河南郑州）立下战功。永乐二年（1404年）明成祖在南京御书"郑"字赐给小马和，改名为郑和，任为内官监太监，官至四品，地位仅次于司礼监。

从明永乐三年（1405年）开始，明成祖先后七次命郑和率领远航船队，访问了许多在西太平洋和印度洋的国家及地区，加深了中国同东南亚、东非的联系。一直到宣德八年（1433年）四月，回程到古里时，郑和在船上因劳累过度过世。

3. 董其昌书 《通州军山新建普陀院记》

此记为董其昌崇祯三年（1630 年）撰并书，真书。碑额双钩篆书十二字。书法端雅流秀。

清代碑刻

清代书法方面较受推崇的碑刻有：

1. 翁方纲书 《石钟山记》

乾隆五十三年（1788 年）十月立。翁方纲楷书。碑额篆书"苏文忠公记"五字，书法精整敦厚。

2. 《耕识图刻石》

乾隆三十四年（1769 年）据元程棨楼《耕织图》刻石，共 45 图，其中耕 21 图，织 24 图。各图右方署画目及篆书五言律诗一首，旁附正楷小字释文，刻石构图简明，刻工刚劲。原石原存圆明园多稼轩贵识山堂，英法联军入侵时被毁坏一部分，后徐世昌攫为己有。徐世昌籍没后刻石曾流失在京郊农家砌作猪圈，20 世纪 60 年代初归中国历史博物馆收藏。现仅存刻石 23 块，其中两块已全磨泐，两块陈列于中国历史博物馆陈列室。《耕织图》展示了南宋农业生产、技术水平的概况，同时也揭示了地主残酷剥削农民的情景等。

古代少数民族文字碑刻

中国境内少数民族曾经使用和正在使用的拼音文字数量众多，形式多样。从文字学的角度，首先可以分为"他源文字"和"自源文字"两大类别。所谓"他源文字"是指一个民族借用其他民族现成的拼音文字，仅根据本民族语言的语音系统改变拼写规则、并在形体或书写方式上有所改变，从而形成的本民族文字；"自源文字"则是一个民族根据本民族语言的语音系统，自觉创造或借用其他民族文字的某些要素重新创造出来的民族文字。

第一节
北方少数民族汉字系文字碑刻

历史上，中国北方有多个少数民族曾经创制过汉字系文字，但后来都不再使用。主要有契丹大字、女真文和西夏文。

契丹大字碑刻

契丹大字记录的契丹语属于阿尔泰语系蒙古语族，可能和今天的达斡尔语比较接近。这种文字创制于公元920年，是辽太祖耶律阿保机下令由耶律突吕不和耶律鲁不古参照汉字创制的，是中国少数民族中问世最早的汉字系文字。契丹大字制成后应用并不广泛，而且由于辽对外实行严格的"书禁"制度，所以几乎没有流传下来。只有宋代王易出使辽国时曾经描摹了五个字，但经过辗转相抄，已经完全失真。契丹灭亡以后，女真人还借用了一段时间，直到1191年金章宗下令废止。另外迁徙到今天中亚地区的西辽也继续使用，直到被成吉思汗所灭。

契丹大字的总数应有3000多个，但今天见到的实际材料并没有这么多。契丹大字中有一些形体完全借用现成的汉字，这部分字可能是由于契丹语言中吸收了大量汉语借词、契丹人曾经长期使用汉字导致的，它们记录的很可能就是汉语借词，读音应当是契丹化的汉语音（类似今天外国人说的不太标准的汉语）。也有一些是根据汉字增减笔画而成；还有更多的是利用汉字的偏旁和笔画重新造的新字。对于后两者，它们的读音现在还不能确定。但估计应该有"音读"和"训读"这两种基本的借用方式。

契丹大字碑刻存世有限。比较著名的有：

1.　《痕得隐太傅墓志》

原石下落不详，最晚应于 2007 年以前被发现。现中央民族大学中国民族古文字陈列馆收藏有同一墓主的契丹大字和汉文墓志拓片各一份。

该志刻于应历十年（960 年），是目前发现的有准确纪年最早、保存最完整的契丹大字墓志铭资料。

墓主人痕得隐（汉文墓志作"应德"），其先祖为撒剌德·吼只（追封辽懿祖）。其他内容未获解读。

2.　《北大王墓志》

北大王墓位于内蒙古自治区昭乌达盟阿鲁科尔沁旗昆都乡沙日温都。该墓在新中国成立前已被盗掘，墓志被弃置于墓室内。1975 年冬，当地社员进山劳动时进入墓中，发现仅存的一合墓

《痕得隐太傅墓志》契丹大字（上）、汉文（下）拓片

志，随即送至旗文化馆收藏。现存于阿鲁科尔沁旗博物馆。

墓志刻于重熙十年（1041 年），青砂岩质。志盖上圆下方，呈圭形。中高 94 厘米、侧高 70 厘米、宽 61 厘米、厚 7 厘米，底部有榫。正面中央刻汉字篆书"北大王墓志"一行，背面正刻汉字 21 行。志石长方形，高 96 厘米、宽 62 厘米、厚 6 厘米。上刻契丹大字 27 行。志盖和志石形状不同，且第六行汉字底部还残存着契丹大字，所以志盖可能是利用原来某一块废弃的契丹大字石碑打磨而成。

墓主人耶律万辛生于 972 年，卒于 1042 年，重熙四年（1035 年）被封为北大王。全志目前尚未完全解读。

3.　《故太师铭石记》（墓志）

刻于重熙二十年（1051 年），出土于日伪占领东北时期，原石出土地点及下落均不详。1939 年为沈阳某古玩商店所购得，始为世人所知。

《故太师铭石记》拓片

该志盖长宽各82厘米，纵横各以二平行雷纹带区分为九格，中间一大区刻字2行，行3字，为"故太师铭石记"6个汉字篆书，四角各线雕牡丹一株，其余四边雕刻十二属相，每边三个。身宽81厘米，长80厘米，刻契丹大字40行，行约54字，是迄今发现字数最多的契丹大字石刻。

根据最新的研究，墓主人为敌辇·岩古木（辽玄祖次子，辽太祖伯父）的长子胡古只的子孙涅邻·刘家奴，因此墓志可重新定名为《可汗横帐孟父房涅邻刘家奴详稳墓志碑铭》。根据其中出现的纪年，墓主人生活年代至少是在统和二十年（1002年）到重熙二十年（1051年）之间。此外，文中还提到了辽太祖接受遥辇汗国末代可汗痕德堇·匣葛禅让的史事。志文其余部分尚未完全解读。

 ### 4.《静安寺碑》

《静安寺碑》发现于今内蒙古赤峰市元宝山区美丽河镇大营子村静安寺遗址附近，此处是辽代义州遗址，位于辽中京遗址（内蒙古宁城县大明镇）以北。静安寺遗址西北数十米有耶律昌允夫妇之墓。耶律昌允夫妇之墓西北约百米处有座海拔800米的塔子山。山巅上现存一座八角实心三层檐式辽塔。静安寺、耶律昌允墓、舍利塔分布在东南向西北的一条直线上。义州是耶律昌允的投下州，静安寺在古城址之东，舍利塔在古城址之北。

耶律昌允是辽太祖之弟耶律葛剌的后代，契丹名挞不衍·观音。耶律昌允曾经发宏愿修建寺院佛塔，但还没实施就于辽道宗清宁七年（1061年）病逝，他死后次年其妻与其子开始修建静安寺和舍利塔。直至咸雍八年（1072年）完工。故树立汉字和契丹大字的碑文记录此事。

此碑大约在明初被人移送到大宁城（现在的内蒙古赤峰市宁城县大明城），落在十家儿村。契丹大字的一面后来刻了两行汉字，一行为"洪武二十八年四月初一日占"；另一行为"中中所富户化戒占用"。此碑被《热河志》

（乾隆年间修订）所记录，并误以为此碑和静安寺本身就位于大宁故城南十家儿村。民国时期又被移到了该县大城子镇内的一所学校的院子里。下课后，学生们经常在上面踩踏，使得本身就漫漶的碑文更加漫漶。此碑现存于内蒙古宁城县大明镇辽中京博物馆院内。

此碑含额通高2.96米，宽0.98米，厚0.235米。下面另有榫，榫宽0.51米，高0.18米。篆体汉字碑额"大辽大横帐兰陵郡萧氏建静安寺碑"的一面碑文为汉字20行。楷体汉字碑额"大辽大横帐兰陵郡夫人建静安寺碑"一面的碑文额为契丹大字四十行。两面碑文均已模糊不清。国家图书馆善本部藏有该碑两面的拓本，但其中契丹大字的拓片字迹模糊不清，应当是拓取时已经严重磨损。

其他较重要的契丹大字碑刻还有：《辽太祖陵残碑》、《萧孝忠墓志》、《耶律延宁墓志》、《萧袍鲁墓志》、《耶律习涅墓志》等。

女真文碑刻

女真文是金朝的官方文字，记录的是女真语，属阿尔泰语系满—通古斯语族，与后来的满语较相似。

女真人最初受到契丹和汉文化很大的影响。大致从阿骨打祖辈颇剌淑（后追尊为金肃宗）起始习契丹语；阿骨打本人已擅契丹语；在其被辽获俘后又学会了契丹文和汉文；他回到女真后便令子弟主习契丹文。金立国之初的内外公文交往几乎全用契丹文，但由于契丹文与女真语毕竟有较大距离，阿骨打即令曾习契丹字和汉字的臣僚完颜希尹和叶鲁仿契丹大字和汉字试制女真文字，并于天辅三年（1119年）诏令颁行，此即后世所谓女真大字。天眷元年（1138年），熙宗完颜亶参照契丹字创制颁布了另一种女真文字，此即后世所称女真小字。这时女真大字已经开始用于官方文件，而小字还待修订，直至皇统五年（1145年）才行初用。由于女真小字遗留下来的文献极少，只有两个牌符，所以现在一般都把女真大字径称为女真文。

女真文颁行以后，同契丹文、汉文一道并行金国境内。金亡后仅留居东北故地的女真诸部中尚有上层人士精通女真文，直到元代以后，他们同明朝政府交通往来时仍以女真文作表文酬答，明廷设四夷馆及后来的会同馆延人专习女真文以付通译需要，今两馆所编《女真译语》尚存。15世纪中叶，蒙古文化对女真人影响加剧，女真人渐习蒙语文并借以书写自己的语言，女真文终于弛废不传。直到16—17世纪中叶女真再度崛起，努尔哈赤下令参照回鹘式蒙古文创制了无圈点的老满文。

女真文字形有一部分直接仿照汉字楷书，或直接借用汉字字形、增减汉字笔画，或者利用汉字笔画重新造字。还有一部分借鉴了契丹文，也可能同时借鉴了契丹文记录契丹语的方式，即一个方块字记录一个词，而不管这个词是单音节还是多音节。

女真文文献形式多样，有图书、碑铭、铜镜、印鉴、题记等。其中属于碑刻的有：

《大金得胜陀颂碑》，金世宗大定二十五年（1185年）七月二十八日立碑，发现于今吉林省扶余县拉林河，现坐落在吉林省松原市扶余县徐家店乡石碑崴子屯，属全国重点文物保护单位。该碑曾两次折断，两次粘接复原。

碑由首、身、座三部分组成。碑首高79厘米，宽100厘米，厚38厘米，碑首浮雕四条蟠龙，龙身相交，龙首向下，龙目圆睁，龙须蠕动，栩栩如生。

正面龙身盘曲间留额心，镌刻"大金得胜陀颂"六个篆体字。碑身高

《大金得胜陀颂碑》

177 厘米，宽 85 厘米，厚 31 厘米，碑身左右边缘阴刻忍冬草纹饰，正面刻有汉字碑文 815 字，背面刻有女真文碑文 33 行 1500 余字；碑座为龟趺，长 160 厘米，高 72 厘米，宽 97 厘米。石碑全身高为 328 厘米。

碑文为金代第五帝世宗完颜雍追记先祖女真族杰出首领完颜阿骨打建国功业事。

《蒙古九峰石壁女真大字石刻》，金章宗明昌七年（1196 年）立碑，上世纪 80 年代发现于今蒙古国肯特县巴彦霍特克苏木乡，共计 9 行 140 个女真文，旁有汉字石刻对译，皆有残损。

《奥屯良弼饯饮碑》，又名《泰和题名残石》，1206 年二月初二立碑，碑文刻写内容为汉字记事、女真文题跋，在女真文、汉字两面记载内容有出入——在汉文记载的一面记录为金章宗泰和六年（1206 年）农历二月二日。但背面的女真文记载则为金卫绍王大安二年（1210 年）七月二十日——表明立碑日和题跋日并非同时。

《奥屯良弼诗碑》，又名《山东蓬莱刻石》，发现于今山东蓬莱，镌刻有一首带序的女真语七言律诗，序 3 行、诗 7 行，碑面共刻女真文约 170 字。

《海龙女真大字摩崖》，金宣宗贞祐四年（1216 年）五月初五立碑，发现于今黑龙江省海龙县杨树林，只有女真文刻写。

《女真进士题名碑》，《宴台国书女真碑》，金哀宗正大元年（1224 年）六月十五日为庆祝金榜题名的进士而立碑，最先立于金国太庙的宴台关，原在河南开封曹门外宴台河，后移至开封市文庙，今存于河南博物馆。碑文原为女真文—汉文对照，后汉文碑面于明代被磨去改刻河神碑，现仅存女真文碑面。

《柳河半截山摩崖碑》又名《大金太祖息马址碑》，发现于今辽宁省，碑文为女真文—汉文双面刻写，女真文刻碑左半面，汉文刻碑右半面，下半部碑面已脱落无法辨认，对此石刻的真伪问题存在不同意见。

《昭勇大将军同知雄州节度使墓碑》，发现于今吉林省舒兰县完颜希伊家族墓群中之一碑面上，只有一行共 21 字。

《北青大字石刻》，于黄虎年（推定为金宣宗兴定三年，1218 年）七月立碑，发现于今朝鲜民主主义人民共和国咸镜道北青县俗厚面仓城里的串山，只有女真文刻写，碑文五行。

《庆源女真大字碑》，立碑年代不详，原立于今朝鲜民主主义人民共和国咸镜北道庆源郡东原面的佛寺（万官速寺）内，后于 1918 年移至韩国博物馆，此碑为四面女真文刻写，内容为叙述庆源寺历史。

《永宁寺记碑》，明成祖永乐十一年（1413 年）七月立碑，记载永宁寺的起源，碑阴刻女真文与回鹘体蒙古文，碑阳刻汉文，碑侧刻六字真言。女真大字居右半部，由右至左纵向书写（左半部为蒙文，由左至右纵向书写），发现于今俄罗斯西伯利亚的黑龙江口的特林，今存海参崴远东博物馆。

《金上京女真大字劝学碑》，发现于黑龙江省哈尔滨市道外区巨源镇城子村附近的金上京古城遗址，推定为金世宗时期兴办女真字学的设施所立，碑刻 11 个女真大字、组成 7 个单词，译文为"文字之道、夙夜匪懈"。

《希里札剌谋克孛堇女真大字石函》，推定年代在金中晚期，石函前壁刻21 个女真大字，译文为"希里札剌谋克孛堇毕黑里、移里闵卫将军黑肯之家族"。

西夏文碑刻

西夏文是西夏景宗李元昊在广运三年（1036 年）命野利仁荣创制的文字，历经三年始成。所记录的西夏语，属于汉藏语系藏缅语族羌语支。西夏文制成后被定为"国字"，曾在西夏境内与汉文同时流行。西夏国灭亡（1227年）后，西夏党项后裔仍有人使用。元至正五年（1345 年），居庸关过街塔门洞内的六体文字石刻中，西夏文是其中一种。明初也曾刻印过西夏文经卷，如保定出土的两座刻有西夏文的石幢，建于明弘治十五年（1502 年）。表明西夏文至少使用了四五百年。随着党项族逐渐融合于其他民族，西夏文也成为无人可识的死文字。逐渐湮没在历史的尘埃中。

西夏文共五千余字，都是模仿汉字的构字方法、借用汉字的基本笔画重新创制的。形体方整，笔画繁冗，用点、横、竖、撇、捺、拐、拐钩等组字，斜笔较多，没有竖钩。单纯字较少，合成字占绝大多数。两字合成一字居多，三字或四字合成一字者少。合成时一般只用一个字的部分，如上部、下部、左部、右部、中部、大部，有时也用一个字的全部。会意合成字和音意合成字分别类似汉字的会意字和形声字，约占总数的 80%。部分译音字由其反切上下字的各一部分合成，类似拼音字。有的字以另一字的左右或上下两部分互换构成。两字多为同义字。象形字和指示字极少。书体有楷、行、草、篆，楷书多用于刻印，篆书散见于金石，行草常用于手写。

在西夏时期，上自佛经诏令，下至民间书信，均用西夏文书写。为方便人们学习西夏文，还印行了字典。

西夏的碑刻大多建于塔寺建筑、墓葬、桥梁等处。其中有西夏文的碑刻，有汉文的碑刻，还有西夏文与汉文合璧的碑刻和西夏文与藏文合璧的碑刻等。碑刻的书体主要是楷书和篆书。保存下来的碑刻数量不多，其中重要的有《凉州重修护国寺感应塔碑》、《黑水建桥敕碑》等。在西夏王陵也出土了一些西夏文和汉文的碑刻，但均有不同程度的残破。

《凉州重修护国寺感应塔碑》刻于西夏崇宗天祐民安五年（1095年），原矗立在凉州（即今甘肃武威）大云寺内。这是一座西夏文和汉文对照的碑刻，碑高2.5米，宽0.9米。这是一方西夏文和汉文合璧的碑刻，碑阳刻西夏文，碑额为篆书2行8字，意为"敕感应塔之碑文"，正文用西夏文楷书镌刻，凡1820字。碑阴用汉字镌刻，碑额亦为篆书，原有3行12字，上部已漫漶，残存"重修、寺感、碑铭"3行6字，正文为楷书。

它是1804年由清代学者张澍发现的。张澍（1776—1874年），字百瀹，号介侯，甘肃武威人。嘉庆时考中进士，选翰林院庶起士。他曾在贵州、四川、江西等地做县官，又是一位金石、史地的研究学者，撰有《西夏姓氏录》、《西夏纪年》、《夏书》等著作。1804年张澍因病从贵州玉屏回到武威休养。一天，他和友人同去游览武威城北的大云寺，此寺始建于前凉，名为宏藏寺，至唐改名为大云寺，西夏时又改名为护国寺。张澍见大殿后有一碑亭，前后皆有砖块封砌得严严实实。问一老者也不知为何碑，只是说不能开启，若开启必遭灾祸。张澍想看个究竟，就请住持僧人拆其封，但住持怎么也不肯。张澍说，若有祸害，我辈承当，与住持无干，住持这才应允。于是请了几个民工将封砌的砖块开启，这才见到一座高大的巨碑。

武威西夏博物馆藏《凉州重修护国寺感应塔碑》

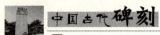

看那碑面的字体方整与今楷无异，但无一字可识。张澍在碑的阴面看到用汉字镌刻的碑铭，才知其意，并由此认定此碑乃是西夏碑。张澍不仅是第一个发现感应塔碑的学者，也是第一个明确识别出西夏文字的学者。

《凉州重修护国寺感应塔碑》镌碑铭无论西夏文、汉文都很秀丽工整。题名两侧各有线刻翩翩起舞的伎乐菩萨一身，碑端有云头宝盖，四周有线刻卷草纹装饰。碑铭记述的内容颇为有趣，它记述了自前凉张轨修寺建塔以来屡见灵瑞的情况。说西夏惠宗即位，某次羌兵来犯，是夜雷电大作，塔现神灯，吓退了羌兵。还特别写到天祐民安三年，凉州发生地震，佛塔发生倾斜，崇宗下令抢修，但还未动工，塔身竟自行恢复原位了，为此西夏皇太后、皇帝下诏重修、装饰佛塔并立碑纪事。这里讲的佛塔倾斜而复位，可能是余震所致，当时被认作佛塔显灵了。碑文语句朴实生动，文采斐然，西夏文碑铭虽然内容与汉文碑铭略同，但叙述方式不尽相同，其中有一段用四、七句对偶的骈文写成，很有特色。1927 年武威又发生了一次大地震，大云寺和感应塔都遭到倾覆，毁于一旦，所幸感应塔碑总算得以保留，后被移至文庙，现藏于甘肃武威市博物馆。1961 年国务院公布为首批全国文物保护单位。《凉州重修护国寺感应塔碑》是迄今发现的最完整的西夏碑刻，不仅镌刻上乘，书法精美，而且对研究西夏的历史和文化具有很高的价值，堪称瑰宝。

第二节
南方少数民族汉字系文字碑刻

中国南方少数民族创制的汉字系文字主要有"雷山苗文"、白文、方块壮字、方块侗字、方块布依字、老哈尼文和水书。有的至今仍在一些民族中间使用。其中形成过碑刻的有：

 白文碑刻

白语属于汉藏语系藏缅语族。白文指云南白族及其先民用来记录白语的汉字式文字。其中绝大多数是直接照搬汉字，甚至读音也直接取汉语方言的读音，与白语的实际口语有不小差距。有一些被认为是白族自造的字符，实际上是近代的俗体汉字；其余少数公认的"白字"，在文献中出现的频率也很低，朗读时或为"音读"或为"训读"。因此白文还不能看作是一种纯粹的少数民族文字。

通过文献判断，在公元 8 世纪至 13 世纪中叶，云南洱海地区的南诏和大理政权已经采用汉字来记录本地少数民族语言了。白文的出现不晚于南诏末期，元代以后在民间普及开来。现在保存下来的白文石刻中比较有代表性的有《段信苴宝立常住记》、《山花碑》和《杨寿碑》。

 1. 《段信苴宝立常住记》

《段信苴宝立常住记》位于云南省洱源县邓川镇新州后云弄山的石窦香泉，距县城 25 公里。石窦香泉有两大溶洞——南洞和北洞。《段信苴宝立常住记》摩崖碑就刻于南洞内约高 3 米处，全碑共 413 字，碑宽 0.69 米，高 0.9 米，文 18 行，行 2～33 字，楷书、阴刻。该碑是洱源县年代最早的元、明白文碑（汉字白语碑）。内容是记载捐田建寺的经过，所以又叫《舍田碑》。立碑者是大理段氏第十一世总管段宝，从碑文中提到的"至正三十年"断定此碑刻于明洪武三年（1370 年）。此碑对研究古白语和当时的历史有重要价值。

 2. 《山花碑》

《山花碑》是大理收藏的一块已有 530 多年历史的古碑。碑高 1.2 米，宽 0.5 米，碑文竖写 13 行，行 40 字，其中第一行抬高一格，多一个字，最末一行少一个字，全碑共 520 个字。古碑上刻写的是白族传统的"三七一五"诗 10 首。这是白族诗歌独特的形式，每首八句，分两节，每节的前三句为七个字，后一句为五个字。这种民族传统的排列法，在白族群众中叫"山花体"，

这块碑也就因此而得名，叫"山花碑"。

碑石上刻写的字，全是可认的汉字，但是，按照汉字的读音朗读简直莫名其妙，不知道说些什么，因此，有人把它叫做"白文碑"。其实，这是用汉字记下白族语言，只有用白族语言，加以翻译，才能知道碑文的内容。诗歌歌颂苍山洱海美不胜收的自然风光，诗句铿锵有韵，掷地有声，读着诗，大理神奇的"风、花、雪、月"，传神的苍山云海，洱海荡漾的千顷碧波，都一一呈现在眼前。但如果翻译成汉话，意思虽然也很明白，但已经失去了白语自然的韵味，不可复得。

碑文的作者，按照碑末诗句中的记载，名叫杨黼，生于明代，大理下阳溪人。他幼时读书万卷，但一直生活在民间，有不少著述，"山花碑"是他用本民族传统的诗歌形式，写成的歌颂家乡苍山洱海风光的山水诗。

《山花碑》全拓

 **方块壮字碑刻**

方块壮字记录的是壮语，属于汉藏语系壮侗语族。方块壮字已经有1000多年历史，至今仍在使用。早在宋代的笔记史料中就有当地人采用"土俗字"的记载，这种"土俗字"指的就是方块壮字。

由于壮族历史上从没有对本民族文字进行过整理和规范，加上壮语方言复杂，所以各地壮民的用字习惯很不一致。因此方块壮字的数量至今仍未得到确认。总体说来，现在发现的方块壮字分为两类：一类是直接借用汉字，并采用"音读"和"训读"的办法记录壮语音阶；另一类则是自造新字，办法是采用一个汉字表示词义，作为"义符"，再加上另一个汉字表示汉语或状语的读音，作为"声符"，"义符"和"声符"组合起来形成一个形声字。目前，个别汉字作为广西状语地区的地名用字，已经被汉语字书收录。

方块壮字文献数量庞大，种类繁多。其中碑刻形式流传下来最早的是唐代的《六合坚固大宅颂碑》和《智诚洞碑》，晚近较多的还有清代的《廖士宽墓门碑》。

前两块唐碑均位于南宁市上林县的智诚遗址。

1. 《六合坚固大宅颂碑》

《六合坚固大宅颂碑》位于南宁市上林县澄泰乡洋渡村麒麟山石牛洞。为碑刻残段，刻于唐永淳元年（公元682年），是壮族现存最早的摩崖碑刻，也是最早使用方块状字的文物。碑高95厘米，宽64厘米，包括序，四言颂诗三首，五言诗一首，内容为叙述修建大宅园原因，并称颂世袭土官所建六大宅之坚固，共17行，381字，字径1.5～2厘米，楷书。作者韦敬办，为唐岭南道澄州地区壮族部落首领、澄州刺史。

碑文从侧面反映了当时少数民族地区激烈的阶级斗争和交织在一起的民族斗争，是较早用汉文字记载壮族地区政治、经济文化状况的碑刻之一，对研究壮族历史、文化有着重要价值。

2. 《智诚洞碑》

《智诚洞碑》全称《廖州刺史韦敬辨智诚碑》，位于南宁市上林县覃排乡爱长村石俭屯西北450米处的智诚峒古城址。古城建于公元634年至682年之间，城址分内城和外城两部分。总面积6.19公顷，周长1.7公里。城址遗迹现有城墙四道，城池三张，水井一口。地面遗物有石臼、石马槽、石磙、石碾，以及少量陶瓷器、砖、瓦残片等。《智诚洞碑》就是位于外城的一处摩崖石刻。

此碑刻于大周（即武则天所改立的武周）万岁通天二年［即神功元年（697年）］，碑高164厘米，宽78厘米，楷体，24行，1108字。内容是盛赞智诚山一带的风光形胜，颂扬当地壮族先祖韦敬辨的文治武功。此碑是研究古代壮族政治、军事、经济、哲学、宗教、文化教育等社会状况较为全面的实物资料，具有很高的历史价值、科学价值和艺术价值。

3. 《廖士宽墓门碑》

廖士宽墓位于广西宜州市安马乡古育村，是清代著名壮族歌师廖士宽的墓碑。墓主廖士宽生前才华横溢，演唱壮歌能够出口成章，远近闻名。他没有子嗣，养子又对他毫无情义，因担心自己无人送终，所以在生前预修生坟，并亲自用壮族特有的"勒脚歌"体写下了《哀叹身世之歌》（汉译名），刻成碑立于墓前，这就是《廖士宽墓门碑》。此碑所刻诗歌堪称壮族五言十二行勒脚歌的标本，在壮语文学中占有重要地位。

水书碑刻

水书是贵州省三都自治县水族人中流传的一种文字，记录的是水语，属于汉藏语系壮侗语族。水书的字符分为"象形字"和"符号字"两大类。其中象形字完全是水族自己创造的；符号字中有一部分借用了汉字。

现存的水书文献都是近代传抄的占卜和巫术书，这些书籍和文字

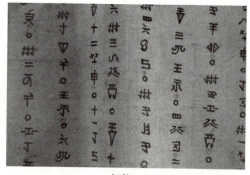

水书

一般都掌握在水族"鬼师"手中，普通群众很少有人能够接触、掌握。

2006年5月12日，三都县文联的工作人员在地处都柳江沿岸的坝街乡羊瓮寨脚的树林中发现一块水书墓碑。该碑大约刻于清代早期，整个古墓碑组分上下两层，由17块大青石组合而成，虽然墓碑经历了多年的风雨洗刷，风化严重，但碑上文字图案仍依稀可辨。碑刻雕工精湛，造型独特，实属罕见。

主碑上方刻有一腾龙图案，龙图下方刻着许多残缺不清的水书。墓碑两侧伫立着六个兵俑守护，兵俑怒目而视，形态威严。墓碑正中有汉字"清故父□阿刘公之墓"，姓氏位置的字残缺难辨。

至于方块侗字、方块布依字和老哈尼文，由于历史上没有碑刻形式的文献流传下来，这里就不做介绍了。

<h1>第三节
中国少数民族印度系文字碑刻</h1>

　　印度系文字是古代印度文字及其在中亚、南亚地区数十种后裔文字的总称。印度文字来源于古代西亚的阿拉米文字，由于传入印度的时间和路线不同，产生了很多变体，最主要的有佉卢字母和婆罗米字母。

　　古代印度文字传入中国前后历经三次，传递路线各不相同。第一次是在公元6世纪以前，从中亚传入今新疆地区，遗留下来的有佉卢字母、于阗文和焉耆—龟兹文（后二者皆为斜体婆罗米字母的后裔）；第二次是在公元7世纪，从喜马拉雅山南麓传入西藏，直接影响了藏文，并间接决定了八思巴文的产生（最近的研究表明，朝鲜"谚文"的创制在很大程度上借鉴了八思巴文，因此也可以看做是印度系文字最远的变种）；第三次是在公元9—11世纪经南亚传入云南，导致了老傣文的出现。

　　其中佉卢字母和于阗文都没有碑刻文献传世，老傣文也仅有手写文献。根据西方学者的记载，焉耆—龟兹文有约200余条壁画题记和石窟铭刻，但研究和保存情况不明。藏文和八思巴文在我国历史上都有较重要的地位，也产生了大量碑刻文献，择要介绍如下。

藏文碑刻

　　藏文记录的藏语，属于汉藏语系藏缅语族藏语支。关于藏文的起源有两种不同的说法。佛教学者认为是吐蕃时代公元7世纪由国王松赞干布派遣大臣吞米·桑布扎到北印度学习佛法，回国后参照梵文字母创制的。但苯教学者则认为藏文完全是从象雄文演变而来。在发生学上，藏文与天城体梵文有许多相似之处，但并不像是从天城体直接发展而来的。自创制起至 15 世纪，藏文先后经过三次厘定，对于正字法和译法都有修正。三次厘定以后，藏文的拼写和书写结构最终定型，并一直沿用至今，而且衍生了多种书体。

藏文是拼音文字，由 30 个辅音字母和 4 个元音字母组成，字母本体均来自梵文。另外，还保留了梵语当中有但藏语没有的字母，专门用于翻译佛经。因此，增补这些专用字母以后的藏文字母与梵文字母有完全的对应关系，二者之间可以直接实现转写。

藏文的传世文献非常丰富。其中最大宗的是藏文大藏经《甘珠尔》和《丹珠尔》两部分。此外，其他诸如目录、史书、经书、语言文字、文学、因明学、医药学、天文历算无所不包。其中碑刻文献中较重要者主要集中于吐蕃时期。最为著名的是《唐蕃会盟碑》。

《唐蕃会盟碑》，又名《长庆会盟碑》、《甥舅和盟碑》等，古代藏文文献称之为《逻娑碑》，树立在西藏自治区拉萨市大昭寺门前，立于 823 年，时为唐朝长庆三年、吐蕃王朝彝泰九年。

唐朝长庆元年（821 年），唐朝唐穆宗李恒登基，吐蕃赞普赤祖德赞先后两次派遣使臣前来祝贺，后又派人到唐朝首都长安请盟，唐穆宗同意会盟。当时正值唐与吐蕃双双衰败之际，为了各自集中精力应付内部严重危机，因此双方遂决定停止构兵、互相扶助。长庆元年九月，唐穆宗命宰相及大臣共17 人与吐蕃使团于长安西郊会盟。唐穆宗又派正使刘元鼎、副使刘师老与吐蕃使者论讷罗同赴吐蕃王朝首都拉萨，于长庆二年四月（822 年）到达拉萨。长庆二年五月，双方在拉萨设盟坛会盟。长庆三年在长安、惹刹（即大昭寺）和唐蕃交界处（藏文史书记载为"梅如"地方）树立三块同样的石碑。唐朝派杜载为使臣，率领使团来到拉萨参加了长庆三年二月十四日在大昭寺前举行的该碑落成典礼。其他两块同样的石碑已经湮灭，今只余该碑，被国际学术界誉为"目前人们所知道的亚洲最重要的铭文纪念碑"。

该碑四面均有铭文。其中西面为碑阳，

《唐蕃会盟碑》

刻有盟约文本，为汉文和藏文两体文字，藏文为左半部分，横书，汉文为右半部分，自右至左竖排；北面为吐蕃参与此次会盟的官员名单，共17人，上为藏文，下为姓氏与职衔的汉字译音；南面为唐朝参与此次会盟的官员名单，共18人，上为藏文，下为汉文；东面为碑阴，全部为藏文盟词。

碑文首先阐明结盟始末，然后追述和赞扬了历史上藏汉两族的友好往来和亲密关系。这些友好往来的记述，虽然偏重在统治阶级上层的来往，却是当时汉藏两大民族亲密团结的象征，表现了历史的真实，反映了人民的愿望。文词也恳切真挚。碑文还检讨了过去某些"弃却友好，代以兵争"的不愉快的事件，谴责了"开衅"的"边将"。最后点题："……圣神赞普赤祖德赞陛下……乃与唐主文武孝德皇帝舅甥和叶社稷如一统，情意绵长。结此千秋万世福乐大和盟约于唐之京师西隅兴唐寺前。"

自从这次盟誓以后，唐朝与吐蕃之间的纠纷基本结束。它说明和盟适应了唐蕃社会的发展需要，符合了当时汉藏两大民族人民的愿望，体现了汉藏两大民族友好关系的进一步加强，顺应了历史的潮流。

盟约的文字朴实无华，通俗流畅，即使千余年后的今天读之，仍然朗朗上口。行文气势浑厚雄壮，结构细密严谨，反复强调"和叶社稷如一统"，表达了迫切的心情、真诚的意愿，体现了高度的表达技巧，是藏族文化高度发达的有力证明。

甥舅会盟碑文，具有重大的政治意义、极高的思想性和朴素优美的文采。无怪乎刻载盟文的石碑千余年来在拉萨大昭寺前巍然矗立，受到人民的景仰，成为汉族与藏族人民团结、友好的历史见证。

其他重要的藏文碑刻还有：《达扎鲁恭纪功碑》、《第穆萨摩崖》、《谐拉康碑》、《赤松德赞墓碑》、《噶迥寺建寺碑》、《桑耶寺兴佛证盟碑》和《楚布江浦建寺碑》等。

这些碑刻基本反映了厘定之前、吐蕃时期古藏文和古藏语的原始面貌，在语言学、文字学和文献学上具有无可估量的价值。对于这些古代藏文碑刻，最为全面、系统的整理和研究是由前"中央研究院"历史语言研究所研究员、"中央研究院"第一届院士、美国西雅图华盛顿大学东亚语言系教授、夏威夷大学语言系教授李方桂先生在上世纪80年代以前完成的。1987年，经过李方桂先生的学生——美国学者柯蔚南（South Coblin）的整理，以《古代西藏碑文研究》为题，作为"中央研究院历史语言研究所专刊之九十一"，在台北出

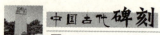
版了英文本。2007 年，经清华大学王启龙教授翻译的中文本作为《李方桂全集》第九卷由清华大学出版社出版。

知识链接

中央研究院历史语言研究所

中央研究院（Academia Sinica，简称中研院）是民国时期中国最高学术研究机关，1927 年 4 月 17 日由李石曾提议设立，6 月 9 日正式宣告成立，首任院长为蔡元培。

历史语言研究所是研究院成立较早的所之一，1928 年在广州成立，首任所长傅斯年。次年迁北平，所址在北海静心斋。1936 年迁至南京鸡鸣寺。

该所先后设历史、语言、考古、人类学四个组，集中了当时一批著名学者，如陈寅恪、赵元任、罗常培、李方桂、李济、董作宾等，一方面继承了乾嘉学派治学精神，一方面汲取了包括西方近代新史学、人文科学和自然科学在内的研究方法，在历史、语言、考古等许多领域都有卓著贡献，取得了世界瞩目的重大成果。重要出版物有《历史语言研究所集刊》。此外，还有《专刊》、《单刊》、《集刊外编》、《史料丛刊》、《田野考古报告》、《人类学集刊》、《中国人类学报告》等。抗日战争爆发后，该所辗转于长沙、昆明，1940 年迁四川南溪李庄，1946 年迁回南京。1949 年全部迁至台湾。

除史语所外，中央研究院的数学研究所也部分迁台，其余研究所皆留置大陆，并成为中国科学院的主体。"文革"期间中断。1978 年，人文社会科学诸研究所恢复，并独立组成新的中国社会科学院，自然科学诸所仍沿用中国科学院名称。

中央研究院也有少量研究所在台湾重建并保留原称，直接隶属于台湾当局，现位于台北市南港区，是现台湾地区最高学术研究机关。

八思巴文碑刻

八思巴文是蒙元时期一度采用过的一种文字，是元世祖忽必烈命令他的国师——藏传佛教萨迦派喇嘛八思巴创制的，目的是"译写一切文字"。拼写汉语时，一般副以汉字；拼写蒙古语时，一般副以回鹘式蒙古文。同时还可以直接转写藏文，并可以按照藏文转写梵文的规则来转写梵文。此外，还由极个别记录维吾尔语、波斯语的文献流传下来。八思巴文于1269年制成，并开始在全国推广。徐达攻破元大都以后，"北元"政权仍然沿用了一段时间，但最终被废弃。

知识链接

八思巴

八思巴（1235—1280年），原名洛追坚赞，号八思巴（圣者），藏传佛教萨迦派第五祖。八思巴从小聪慧好学，8岁时能向人们讲经。

10岁左右，八思巴跟随伯父萨迦班智达（萨迦派第四祖）赴凉州与蒙古汗王阔端谈判。八思巴17岁时，被萨迦班智达临终任命为法位的继承人。萨迦班智达去世后，八思巴开始担任萨迦寺主持和萨迦派教主职位，从此逐步成为代表西藏地方势力的显赫人物，对西藏地方乃至元朝中央政权起过重大作用。

1253年，八思巴应召谒见忽必烈，忽必烈夫妇及其子女共25人先后在八思巴前受密宗灌顶。忽必烈向八思巴奉献财宝作为灌顶的供养。1255年，八思巴回藏从康区迎请那塘堪钦札巴僧格受比丘戒。不久，又返回上都。1258年，蒙哥汗命忽必烈在上都的宫殿隆重举行了佛道辩论会，两派各参加17人，佛教方以时年23岁的八思巴为首。辩论以道教一方承认自己失败而告终，十七名道士削发为僧，少许道观也随之改造成佛教寺院。

1260 年，忽必烈继任蒙古汗位，封八思巴为国师，赐玉印。264 年，忽必烈迁都大都（今北京），在中央政权内设置总制院，掌管全国佛教和藏族地区事务，又命八思巴以国师的身份兼管总制院事。1265 年，八思巴返回西藏，居留三年，设立了以萨迦派为首的西藏地方政权机构。其间还奉忽必烈之命创制"八思巴字"。

1270 年，忽必烈晋升八思巴为帝师，并更赐玉印。封号全称为"普天之下，大地之上，西天子，化身佛陀，创制文字，护持国政，精通五明班智达八思巴帝师"，又称帝师大宝法王，简称帝师。

1276 年，八思巴从大都抵达萨迦寺，此次八思巴返藏，由太子真金护送，在途中专为真金著述并讲授了《彰所知论》。1277 年，八思巴在后藏的曲弥仁摩（纳塘寺附近），举行聚集七万僧众盛大法会，史称"曲弥法会"。1280 年，八思巴在萨迦寺拉康拉章英年早逝，享年 46 岁。

八思巴在萨迦寺圆寂后，忽必烈又赐封号为"皇天之下一人之上开教宣文辅治大圣至德普觉真智佑国如意大宝法王西天佛子大元帝师"。1320 年，元仁宗下诏，在全国各路建造八思巴帝师殿，以为纪念。

八思巴文的形体基本仿照藏文字母制成，最初共设计了 41 个基本字母，同时，为了适应不同语言的要求，又陆续增补了一些字母，据统计共有 57 个字母。八思巴文在拼写时遵循了回鹘式蒙古文的习惯，由上至下拼合，直行书写，从左向右转行；但又保留了藏文的拼写习惯，分音节连写，且不标记声调。分音节连写，虽然适用于汉语，但不适用于蒙古语；不标记声调，虽然适用于蒙古语，但不适用于汉语。这种不适应是八思巴字最终不能沿用的内在原因。

八思巴文的文献数量很多，仅碑刻就有几十通。但这些碑刻多为皇帝颁发的圣旨或皇太后或诸王颁布的令旨，篇幅短小，言语刻板，内容多又重复。其中年代最早的属《龙门建极宫碑》。

《龙门建极宫碑》原位于陕西韩城龙门口神禹庙，因该庙在元代的正式名称为"建极宫"，故现在定名为"《建极宫碑》"。此碑两面分刻。碑阳为元世

《龙门建极宫碑》碑阳圣旨拓片

祖忽必烈至元十二年（1275 年）圣旨，八思巴字拼写汉语。二截刻。上截八思巴字楷体圣旨 14 行，下截汉字正书释文 16 行。内容是关于光宅宫真人董若冲在荣河、临汾起盖后土、尧庙禁约骚扰等事。

碑阴为安西王忙哥剌鼠年（至元十三年，1276 年）令旨，八思巴字蒙语二截刻，上截八思巴字楷体蒙古语令旨 23 行，下截右起汉字正书白话译文 23 行。为忽必烈之子——安西王忙哥剌禁止闲杂人等骚扰光宅宫真人董若冲管领的后土、尧、禹庙诸事。

由于是迄今发现最早的八思巴字碑刻，故该碑在八思巴字研究领域有重要地位。1907 年，法国著名东方学家沙畹在韩城发现此碑，此后不知何时佚失，仅存拓片。

第四节
中国少数民族粟特系文字碑刻

　　粟特系文字也来源于阿拉米字母，是古代粟特文及其在中亚地区几种后裔文字的总称。粟特文字自公元前 3 世纪进入中国，到公元 8—9 世纪派生出回鹘文，并被其取代；13 世纪，蒙古人在回鹘文的基础上创制了回鹘式蒙古文；16 世纪末叶，满洲人以回鹘式蒙古文为基础创制了满文；至 18 世纪又由满文派生出锡伯文。

　　这里还要附带说一说突厥文。突厥文并不属于粟特系文字，它们之间只是"远亲"的关系。突厥文的来源也是阿拉米文字在中亚的某种变体。但因为在我国境内还没有发现与突厥文同系属的文字，所以我们把它合并到粟特系文字下面来介绍。

粟特系文字和突厥文都保留了大量的碑刻文献。虽然这些碑刻现在多在境外（以蒙古国最多），但这些碑文的内容往往与中国历史密切相关。因此，我们不妨把它们看作广义上的"中国古代"碑刻。

粟特文碑刻

粟特文记录的是粟特语，属于印欧语系印度—伊朗语支，现已消亡。传入中国的粟特文有三种字体。它们字母数量不同，但大同小异，分别用于书写不同宗教的文献。其中标准体有 17 个，用于书写佛教文献；摩尼体有 29 个，用于书写摩尼教文献；古叙利亚体有 22 个，用于书写基督教文献。

粟特文是典型的辅音文字，不能准确记录元音，最初的行款是从左向右横写，后来开始出现了自上而下竖写的。

现存粟特文文献以敦煌和吐鲁番两地出土的纸质文书为主，碑刻中带有粟特文的是《九姓回鹘可汗碑》和《塞维列碑》等碑刻，其中前者最为著名。

《九姓回鹘可汗碑》是中国古代漠北回鹘汗国时期的碑刻，立于唐元和九年（814年）。清光绪十六年（1890年），由芬兰民族学家、考古学家 A. O. 海凯勒发现于今蒙古国杭爱省的喀喇巴喇哈逊（黑虎城）附近柴达木河畔，通过碑文可知，此处就是回鹘汗国曾经的首府。

碑文分别用粟特文、突厥文和汉文 3 种文字铭刻。因年代久远，碑铭面损坏甚重，保留下来的字数较少，特别是碑阴粟特文的

《九姓回鹘可汗碑》残石拓片

一面剩下仅半块稍多点，突厥文部分也仅保留三角形似的一小块；而碑阳汉文部分则保存的比较完整，但已碎为 8 段，碑铭存 22 行。

立碑者为回鹘内宰相颉于伽思，汉文的撰写人为伊难主和莫贺达干。

碑文内容主要记述回鹘汗国建国后至第九世可汗——爱登里罗汨没蜜施合毗伽可汗（译意为"天赐福神武智慧可汗"，唐朝封号为"保义可汗"）在位时（808—821 年）的史事，包括：追叙前代葛勒可汗（747—759 年）、牟羽可汗（759—780 年）参加平定唐朝安史之乱的功勋；颂扬牟羽可汗从中国内地传播摩尼教于回鹘地区，使回鹘人改变了旧的萨满教的信仰，新的摩尼教不但传播漠北，而且西达天山，在长安、洛阳以及长江流域普遍地建立了摩尼庙；回鹘保义可汗出兵西域，与当时吐蕃展开斗争，帮助唐王朝保卫北庭（今新疆吉木萨尔北破城子）、龟兹（今新疆库车县一带）等新的功绩。

此碑是研究早期回鹘史的重要材料。

回鹘文碑刻

回鹘文记录的是今天维吾尔、哈萨克和柯尔克孜等民族的先民使用的回鹘语，属于阿尔泰语系突厥语族。回鹘文从粟特文脱胎而来，但表音能力有了明显提高。这是因为回鹘文增加了五个元音字母，字母总数达到 23 个，文字性质也变为真正的音素文字。

截至 15 世纪以后逐渐废弃之前，回鹘文文献大量产生。其中属于碑刻类的有：

《大元肃州路也可达鲁花赤世袭之碑》刻立于元至元二十八年（1292 年），碑高 2.26 米，宽 0.91 米。碑正面阴刻汉文，背面为回鹘文。汉文大部分保存完好，可以辨读；回鹘文分化严重，许多字已经剥落，无法辨认。

碑文内容记叙了西夏遗民举立沙家族几代人，在蒙古军队攻打西夏肃州时的举动和在整个元代时期的活动。成吉思汗率军征西夏，围困肃州，久攻不下。城内维兀氏族大户举立沙，偷开城门，将肃州献给了蒙古军。又帮助蒙古军剿灭西夏，以致战死。成吉思汗封举立沙的儿子阿沙为肃州路达鲁花赤，而且作为世袭。这些记载多是史籍缺载，或与史籍记载不同，对史籍有补正的作用。因此显得极为珍贵。

此碑明初切割为两块，镶嵌在酒泉城东门两边。1943 年西北科学考察团途经此地，被考古学家向达等发现，开始引起重视。现保存在甘肃省酒泉市博物馆。

除此以外，比较著名的还有《有元重修文殊寺碑》、《亦都护高昌王世勋碑》等。

回鹘式蒙古文碑刻

公元 1204 年，成吉思汗征服了乃蛮部，俘获了乃蛮掌印官——维吾尔人塔塔统阿，命他尝试用回鹘文记录蒙古语，从而形成了蒙古最初的文字。元朝建立以后，著名学者搠思吉斡节尔又对之进行过规范，成为能够基本适应蒙古语的文字系统。这种回鹘式蒙古文一直沿用到 17 世纪，此后经过改革成为现代蒙古文，仍通行于我国蒙古族群众中间。

回鹘式蒙古文碑刻现存十通左右，其中最为著名的是"成吉思汗石"和《忻都王碑》。

1. "成吉思汗石"

"成吉思汗石"又称《也松格碑》，最初发现于今蒙古国额尔古纳河上游。19 世纪初，俄国人将其移至尼布楚，毁为两段；又于 1832 年转运至圣彼得堡，现藏于著名的圣彼得堡爱尔米塔什博物馆。

此碑为成吉思汗之弟哈撒尔的次子也松哥所立，无题识年款。经推断当立于 1225 年左右。碑文为 5 行回鹘式蒙古文，内容记述的是成吉思汗西征班师途中，于不哈速赤忽召集全蒙古那颜聚会，也松哥在会上射出 335 步远，并命中目标的盛况。

这道碑刻对于研究蒙古族早期的历史、文化、语言和文字都有十分重要的

《也松格碑》照片与拓片

价值。

　2.　《忻都王碑》

　　《忻都王碑》全称《大元敕赐追封西宁王忻都公神道碑铭》，立于1362年。1911年被发现，现存甘肃武威西北石碑沟。碑高565厘米，宽149厘米，厚45厘米。碑阳32行楷体汉文；碑阴54行回鹘式蒙古文。

　　碑文内容主要是记录突厥人忻都一家五代的生平事迹以及功名荣宠。

　　此碑对于研究元代西北地区的历史和14世纪蒙古语和蒙古文有重要作用。

图片授权

全景网

壹图网

中华图片库

林静文化摄影部

敬　启

　　本书图片的编选，参阅了一些网站和公共图库。由于联系上的困难，我们与部分入选图片的作者未能取得联系，谨致深深的歉意。敬请图片原作者见到本书后，及时与我们联系，以便我们按国家有关规定支付稿酬并赠送样书。

　　联系邮箱：932389463@qq.com

参考书目

1. 黄剑华著. 古老的清玩：金石碑刻. 北京：文津出版社. 2013

2. 毛喜爱明著. 汉魏六朝碑刻异体字研究. 北京：商务印书馆. 2012

3. 赵文成编. 中国碑刻经典——北魏元怀·元芷墓志. 济南：山东美术出版社. 2011

4. 路远，裴建平. 历代碑刻琐谈. 成都：四川教育出版社. 2010

5. 《中国碑刻全集》编委会编. 中国碑刻全集. 北京：人民美术出版社. 2010

6. 《中国碑刻全集》编委会编. 中国碑刻全集·唐. 北京：人民美术出版社. 2010

7. 《中国碑刻全集》编委会编. 中国碑刻全集·南北朝. 北京：人民美术出版社. 2010

8. 毛远明著. 碑刻文献学通论. 北京：中华书局. 2009

9. 董晓萍主编. 数字碑刻民俗志. 北京：北京师范大学出版社. 2009

10. 李志贤编. 秦汉碑刻校勘图鉴. 北京：文物出版社. 2007

11. 包泉万著. 孔庆华摄. 中国碑刻的故事. 济南：山东画报出版社. 2007

12. 徐自强，吴梦麟著. 古代石刻通论. 北京：紫禁城出版社. 2003

13. 赵超著. 古代墓志通论. 北京：紫禁城出版社. 2003

14. 张晓旭著. 苏州碑刻. 苏州：苏州大学出版社. 2000

15. 本社编. 汉魏碑刻集联大观. 广州：岭南美术出版社. 1998

16. 金开诚著. 墓志碑刻书法名作. 长春：吉林出版集团有限责任公司. 1970

中国传统民俗文化丛书

一、古代人物系列（9本）
1. 中国古代乞丐
2. 中国古代道士
3. 中国古代名帝
4. 中国古代名将
5. 中国古代名相
6. 中国古代文人
7. 中国古代高僧
8. 中国古代太监
9. 中国古代侠士

二、古代民俗系列（8本）
1. 中国古代民俗
2. 中国古代玩具
3. 中国古代服饰
4. 中国古代丧葬
5. 中国古代节日
6. 中国古代面具
7. 中国古代祭祀
8. 中国古代剪纸

三、古代收藏系列（16本）
1. 中国古代金银器
2. 中国古代漆器
3. 中国古代藏书
4. 中国古代石雕

5. 中国古代雕刻
6. 中国古代书法
7. 中国古代木雕
8. 中国古代玉器
9. 中国古代青铜器
10. 中国古代瓷器
11. 中国古代钱币
12. 中国古代酒具
13. 中国古代家具
14. 中国古代陶器
15. 中国古代年画
16. 中国古代砖雕

四、古代建筑系列（12本）
1. 中国古代建筑
2. 中国古代城墙
3. 中国古代陵墓
4. 中国古代砖瓦
5. 中国古代桥梁
6. 中国古塔
7. 中国古镇
8. 中国古代楼阁
9. 中国古都
10. 中国古代长城
11. 中国古代宫殿
12. 中国古代寺庙

五、古代科学技术系列（14本）

1. 中国古代科技
2. 中国古代农业
3. 中国古代水利
4. 中国古代医学
5. 中国古代版画
6. 中国古代养殖
7. 中国古代船舶
8. 中国古代兵器
9. 中国古代纺织与印染
10. 中国古代农具
11. 中国古代园艺
12. 中国古代天文历法
13. 中国古代印刷
14. 中国古代地理

六、古代政治经济制度系列（13本）

1. 中国古代经济
2. 中国古代科举
3. 中国古代邮驿
4. 中国古代赋税
5. 中国古代关隘
6. 中国古代交通
7. 中国古代商号
8. 中国古代官制
9. 中国古代航海
10. 中国古代贸易
11. 中国古代军队
12. 中国古代法律
13. 中国古代战争

七、古代文化系列（17本）

1. 中国古代婚姻
2. 中国古代武术
3. 中国古代城市
4. 中国古代教育
5. 中国古代家训
6. 中国古代书院
7. 中国古代典籍
8. 中国古代石窟
9. 中国古代战场
10. 中国古代礼仪
11. 中国古村落
12. 中国古代体育
13. 中国古代姓氏
14. 中国古代文房四宝
15. 中国古代饮食
16. 中国古代娱乐
17. 中国古代兵书

八、古代艺术系列（11本）

1. 中国古代艺术
2. 中国古代戏曲
3. 中国古代绘画
4. 中国古代音乐
5. 中国古代文学
6. 中国古代乐器
7. 中国古代刺绣
8. 中国古代碑刻
9. 中国古代舞蹈
10. 中国古代篆刻
11. 中国古代杂技